고등교육의 질 보장을 위한

미국의 대학평가

고등교육의 질 보장을 위한

미국의 대학평가

충남대학교 교수

주 삼 환 역

한국학술정보㈜

The Path to Excellence: Quality Assurance in Higher Education
Laurence R. Marcus, Anita O. Leone and Edward D. Goldberg

Association for the Study of Higher Education-
ERIC Higher Education Research Report, 1983

역자서문

배가 고플 때는 우선 배를 채울 수 있으면 됐다. 그러나 일단 배를 채우고 나면 배채우기보다는 맛을 찾게 된다. 인간은 맛으로 만족하지 않고 먹는 데도 멋을 찾는다. 한국의 고등교육에서도 기회균등과 기회의 확대에 대한 요구와 압력 때문에 고등교육의 문을 열지 않으면 안 되었다. 그 결과 우리나라의 고등교육 인구는 세계적 수준에 이르렀다. 그러나 아직도 더 많은 사람들이 대학의 문을 두드리고 있는 것은 사실이지만 현 수준으로도 양적으로는 일단 성공했다고 볼 수 있다. 이제 우리는 여기서 만족할 수 없고 고등교육에서도 배채우기 수준을 넘어 맛과 멋을 찾는 질에 대하여 관심을 돌리지 않을 수 없게 되었다. 양만으로는 국제경쟁에서 '살아남을 수' 없다. 질 높은 교육 서비스를 제공하는 나라만이 이 지구상에서 살아남을 수 있다는 절박한 상황에 놓여 있다. 마찬가지로 앞으로 우리나라 안에서도 양질의 교육 서비스를 제공하는 대학만이 이 지구상에 살아남고 그렇지 못한 대학은 문을 닫아걸게 될 것이다.

고등교육의 질을 관리하기 위한 방법의 하나가 바로 '대학평가'이다. 대학 스스로가 냉정하고 엄격하게 교육의 질을 관리하지 못하면 교육소비자로부터 불신을 받고 이어서 고발을 당하고, 다시 외부와 정부로부터 강한 통제를 받게 될 것이다. 엄격한 자율적 평가인정제가 발달했다는 미국에서조차 정부가 질통제에 나서야 한다는 목소리가 높아지고 있다. 이제 우리나라도 엄격한 대학평가를 통해서 고등교육의 질을 보장해야 할 절박한 처지에 있다.

이러한 중요한 시기에 역자는 우리나라 대학평가사업을 맡고 있는 한국대학교육협의회의 평가관리부장직을 맡으면서 막중한 책임감을 느끼지 않을 수 없었다. 평가의 '평' 자도 모르는 상태에서 공부하면서, 1987년도에는 우리나라 대학평가의 '모형'을 개발하고 '대학평가편람'을 제작하여 이 모형과 편람에 의하여 공감대를 형성하고 우리나라의 대학평가 사업이 무리 없이 굴러가게 하려고 노력하였다. 이 모형에서는 (1) 외부평가보다는 대학자율의 대학자체평가를 강조하고, (2) 양적평가와 함께 질적평가를 시도하고, (3) 상대평가보다는 대학 자체의 목표에 근거한 절대평가를 강조하고, (4) 최종적 판단을 강조하는 총괄평가보다는 개선에 목적을 둔 형성평가를 강조하고, (5) 평가 그 자체보다 결과를 활용하는 개선노력에 비중을 두는 방향이었다. 이러한 대학평가방향의 전환에 대하여 많은 총·학장님과 재단관계자들께서 적극적으로 호응해 주고 대학내 자체평가연구(기획)위원들과 협의회가 위촉했던 전문평가위원들과 연구위원들께서 협조해 주시어 1988년도부터 그 수확의 일부를 거두기 시작하였다. 이에 역자는 깊이 감사한다. 역시 대학은 하고자 하는 마음만 먹으면 할 수 있는 저력을 갖고 있다는 것을 확인한 셈이다.

이 책은 우선 제목이 좋아서 번역의 대상에 올렸다. 원제는 「The Path to Excellence; Quality Assurance in Higher Education(수월성으로 가는 길: 고등교육의 질 보장)」이다. 우리 대학이 살아남을 수 있는 길은 이 길밖에 없다는 판단이다. 이 책을 번역하게 된 두 번째 동기는 역자 자신이 공부하기 위해서이다. 그리고 셋째는 대학평가 관계인들에게 대학평가인정제를 소개하기 위해서이다. 우리말로 된 대학평가 서적이 많지 않은 현실에서 조금이라도 참고가 되었으면 한다. 마지막으로 역자에게 대학평가에 관심을 가질 수 있는 기회를 제공해준 충남대학교와 한국대학교육협의회에 대하여 조그마한 보답의 표시라도 해야겠다는 하나의 소박한 마음에서 이 책을 번역하게 되었다. 작은 것이지만 번역을 끝낸 이 시점에서 이러한 의도와 동기가 어느 정도 맞아 떨어졌는지 걱정된다.

끝으로 몸담고 있었던 충남대학교와 한국대학교육협의회에 대하여 감사하지 않을 수 없다. 또 그동안 대학평가로 인해서 역자와 인연을 맺었던 연구위원, 평가위원, 대학자체평가연구위원과 실무자, 재단관계자와 총·학장님, 협의회 직원 여러분들의 협조에 감사한다. 이 작은 책자가 우리나라 '고등교육의 질 보장'에 조금이라도 도움이 된다면 역자에게는 더할 수 없는 기쁨이다.

2006. 5.
역자 주삼환 지

저자서문

고등교육은 항상 그 질에 대한 관심을 게을리하지 않았다. 그러나 1980년대의 여러 가지 상황 때문에 그 관심은 더욱 강조되지 않을 수 없게 되었다. 여기에는 두 가지 근본적인 이유가 있다. 첫째, '질 높은 대학'만이 줄어드는 학생수(역주: 80년대 미국에서는 각급 학교에서 학생 수가 줄어들어 학교를 닫는 일이 많이 생기고 있다)와 재원의 어려운 상황을 잘 극복해 낼 수 있고 또 인력 부족으로 경쟁하고 있는 분야에서 우수한 교수를 효과적으로 확보할 수 있다는 믿음 때문이다. 둘째, 이제 사회가 학교의 책무성(accountability)을 강력히 요구하고 있기 때문이다. 고등교육을 지원하고 있는 사람들이 교육에 대하여 점점 더 엄격하게 검사하고자 하며, 또 자기들이 낸 세금을 보다 더 효과적, 효율적으로 사용해야 한다고 주장하고 있으며, 오늘날 미국의 교육 소비자들은 학교에 대하여 불만족을 나타내며 재판을 통하여 이를 시정하고자 하고 있다.

교육의 질에 대한 관심이 증대됨에 따라 질이 무엇이냐에 대한 개념정의에 대한 논란도 많이 일고 있다. 일반적으로 말하여 질이란 '우수한 정도(degree of excellence)'라고 하는 하나의 상대적 개념이다. 이 질을 정의하는 한 극단은 우수성의 수준을 정하지 않는 것이다. 이런 경우 사람은 누구나 고의적으로 나쁜 일을 하지 않는다는 인간특성을 갖고 있다고 믿기 때문에 학교의 구성원인 각 개인의 마음속에 항상 질이 존재하고 있는 것이다. 각 개인은 좋지 않은 실적을 나타내는 학교를 확인해 봄으로써 자기 학교의 질이 높다고 정당화시킨다. 이와 반대인 다른 극단은 최고의 학문적 위치를 차지하고 있는 학교의 특징을 들어 질을 정의하려는 것이다. 이런 경우는 흔히 각 학교의 교육적 사명이나 목적이 다르다는 점을 무시하게 된다. 질의 개념을 정의하는 보다 합리적인 접근은 먼저 각 학교의 사명과 역할을 명백히 이해하고 나서 그 다음엔 이 사명과 역할을 성공적으로 완수하기 위하여 학교가 해야 할 구체적 활동과 특성을 밝혀내는 것이다.

질을 높이고 또 이 질을 높은 수준에서 유지하기 위해서는 질을 측정하는 방법을 알아야 하고 또 필요한 요인을 일으킬 수 있는 힘을 가지고 있어야 한다. 정부의 기관이나 평가인정(accrediting) 기구와 같은 외부기관이 질을 정의하는 데는 두 가지 문제가 있다. 우선 이런 외부기관들은 학교의 사명과 역할에 대하여 정확한 개념을 파악하기 어렵고, 다음은 이런 기관들이 학교에서 일어나는 매일 매일의 활동을 다 실천하고 또 이 활동을 감시할 수 있는 힘을 갖고 있지 못하다는 점이다. 더구나 학교의 역할과 사명을 다하기 위하여 최선을 다해야 한다고 학교내부에서 합의가 이루어질 때에만 질은 보장될 수 있다. 이런 합의는 학교자체연구(self-study)와 자기규제(self-regulation)를 통해서 이루어질 수 있다.

이 책의 저자인 미국 뉴저지 주 고등교육국 주립대학과장 마르쿠스(Laurence R. Marcus)와 고등교육위원장 겸 부집행관 레온(Anita Leone), 교무담당 고등교육부처장 골드버그(Edward Goldberg)는 이 보고서에서 정부기관과 평가인정기구에 의한 미국의 전통적인 외적 질 통제의 강점과 약점에 대하여 살펴보았다. 그 다음에 학교 자체의 자기 규제의 중요성에 대하여 검토해 보고, 마지막으로 자기 규제의 과정을 자세히 다루었다. 이 보고서는 학교의 질을 유지하려 하거나 개선하고자 할 때 그 수준을 설정하고 실천에 옮기려고 하는 학교에 귀중한 자료가 될 것으로 확신한다.

조지워싱턴대 Jonathan D. Fife.

차 례

고등교육의 질 보장을
위한 대학평가 요약

공교육비를 확보하기가 점점 더 어려워지면서 세금지원의 정당성에 대한 책무성에 관하여 정부기관의 입법관계자와 행정관계자의 관심은 점점 더 높아지게 되었다. 국민들이 낸 공공자금을 훌륭한 목적을 위해서 유효적절하게 사용하고 있으며, 또 학교가 봉사하고 있는 학생들에게 충분히 혜택을 주고 있다는 사실을 증명해야 할 기간이 필요하기 때문에 미국의 고등교육은 오랫동안 화살을 피할 수가 있었다. 그러나 이제 더 이상 이런 상태를 지속할 수 없다. 오히려 정부는 고등교육기관의 학문 활동을 옹호해 오던 일 세기에 걸친 오랜 전통에 대하여 강한 의문을 제기하기 시작하였다. 역사적으로 특히 Dartmouth대학의 사건 이후 대학과 정부와의 관계는 자유방임적이었다.

19세기 초 사범학교로부터 출발하여 그 후 1862년 모릴토지대여법(Morrill Land Grant Act)으로 이어지면서 그때까지 재정적으로는 사유이고 고객은 주로 종교인이었던 교육활동을 지원하기 위해 공공자금을 지출하는 길을 다지게 되었다. 고등교육에 대한 미국 연방정부의 지원 프로그램은 미국의 산업화, 전쟁터에서 돌아온 예비역들의 불만의 축소, 소련의 도전에 대한 대처, 미국인의 꿈의 실현이라는 도전 등등의 국가이익을 의식하면서 병행하여 나가게 되었다. 1970년대 후반까지도 미국 내 모든 대학들은 각 대학 예산의 1/8~1/6을 연방정부로부터 받았으며 (Edwards 1980, p.15), 실제로 사립대가 정말 사라진 것이 아닌가 하고 의심받을 정도로 사립기관도 공공자금에 의존하였던 것이다.

1. 정부규제의 경향

공공자금이란 말과 규제라는 말이 아무 상관없이 멀리 떨어진 이야기가 아 닙니다. 그래서 지난 3, 40년간 여러 분야에서 활동을 지원해 온 주정부와 연 방정부의 규제는 마침내 고등교육의 핵심문제가 된 것이 아닌가 하고 의심까 지 받게 되었다. 최근에 이르기까지 감독기능은 학교의 승인과 새 학위 프로 그램의 승인을 포함하여 주정부 수준의 기획과 조정에 한정됐었다. 그러나 이제 업적예산제(Peterson et al. 1977, p.34), 업적감사(Berdahi 1977, p.55, Bogue 1980, p.71)는 아주 보편화되고 있다. 최소한 17개 주에서 주 고등교육기구에다 그 관할 내 학교와 프로그램에 대한 평가인정의 책임과 권한을 부여하고 있다는 사실만 봐도 정부가 깊이 개입하고 있다는 확실한 증거가 된다(Harcleroad 1980a, p.1).

학문적인 문제에 정부가 개입하는 데 대하여 논란이 아주 없는 것은 아니 다. 주정부의 질 검사활동이 증대되는 것에 대하여 주교육감회(Education Commission of the States 1979, p.4-5), 정부·고등교육 Sloan 위 원회(Kaysen et al. 1980, p.23)와 같은 여러 단체들이 지지하고 나섰 다. 그러나 그 반대파들의 주장 또한 인상적이다. 기관평가를 담당하는 지 역평가인정기구와 학문영역과 전문직업단체를 활용하여 교육의 질을 보장할 수 있다고 주장하는 사람들은 대학지도자들과 보조를 같이하는 평가인정기 구에 종사하는 집단들이다. Trivett(1976, p.7)의 지적처럼 연방정부가 연방자금을 배분할 때 평가인정의 결과에 의존해 왔다. 그리고 주정부도 주정부 자금을 계속해서 받을 수 있는 자격과 학교운영 인가를 위한 질의 근거로 평가인정 결과에 의존해 왔다. 모든 것이 이런 식으로 평가인정 결과에 의존해 오고 있다.

2. 평가인정의 역할

질의 정도를 가리켜 주는 척도로서의 평가인정제도는 강한 비판을 받고 있다. 그 이유는 평가인정기구가 교육의 질을 일반적으로 정의하려는 시도를 하지 못하고 대신 각 학교 자체의 사명과 자체의 목적에 의하여 학교 기관의 질을 조정하려 하기 때문이다(Troutt 1981, p.48). 그래서 그 목표를 잘 달성하고 있느냐에 따라 한정된 비용을 갖고 있는 기관을 평가하게 된다. 각 학교는 자체연구를 통하여 목표달성의 진전상황을 논의하게 된다.

그러나 Semrow(1977, p.4)에 의하면 이 자체연구가 사실상 평가적인 예외적 자체연구라는 것이다. Hollander(1981, p.5)를 포함하여 다른 측면의 비판도 있다. 즉, 지역 평가인정 팀은 지역 내 다른 기관에 재직 중인 사람으로 구성되기 때문에 평가과정이 팔이 안으로 굽는 식이 되고 평가인정 결과를 부정적으로 보고하기는 사실상 불가능하다고 주장한다. 또 다른 비평은 학교에 부여된 10년의 평가인정 주기(역주: 한국에서는 5년 주기를 시도하고 있음)가 너무 길고, 평가 팀의 보고서를 둘러싼 비밀성을 보장하기 어렵다는 문제점에 두고 있다. 더구나 평가에 정부가 깊이 개입해야 한다고 주장하는 사람들은 평가인정기구가 일단 인정해 주고 나면 계속 관찰하기도 어렵고 또 도달해야 할 표준을 강요할 수 없다는 점을 지적한다. 또 학교가 도달하지 못한 표준에 대하여 공표하기를 꺼린다고 비판한다(Trivett 1976, p.59).

그래서 평가인정제가 공공자금을 받을 수 있는 자격부여의 근거로 계속 사용될 수 있느냐에 대하여는 앞으로 지켜봐야 할 일이다. 앞에서도 언급한 것처럼 이미 여러 주에서는 각 학교가 사실상 질적인 교육을 하고 있는지 확인하고자 보다 더 활발히 활동을 개시하고 있다. Donald K. Smith(1980, p.57)를 포함하여 몇몇 사람들은 교육의 질에 대한 주정부 역할 개입을 막는 최선의 방법은 각 학교가 자체의 평가활동을 강화하는 길밖에 없다고 믿고 있다.

3. 학교자체의 질통제 보장방법

교육 프로그램의 질을 평가(역주: 대학평가는 한 학교를 단위로 하여 기관운영 전반을 평가하는 기관평가와 그 학교 내의 학문분야를 평가하는 학문영역평가로 나누어지는데 여기서는 주로 후자에 초점을 맞춤)하는 일이 그렇게 쉬운 문제는 아니다. Scott(1981)가 말한 것처럼 "질이란 포착하기 어려운 개념(elusive concept)"이기 때문이다. 그렇지만 종합적이고 체계적인 평가를 하기 위해 노력한다면 교수와 대학지도자들로 하여금 어떻게 하면 학문적 강점을 유지할 수 있는 것인가에 대한 판단을 하는 데 도움이 될 것이다. 그렇다면 여기서 형성평가적 접근이 프로그램의 질을 향상시키는 데 도움이 될 것이라는 시사를 받을 수 있다. 형성평가를 하기 위해서는 프로그램의 과정〔프로그램 운영방법(manner)〕과 산출〔프로그램의 실제결과〕의 양자에 초점을 맞출 필요가 있다.

평가를 종합적으로 해야 할 필요가 있는 것과 마찬가지로 평가의 과정에 많은 사람이 광범하게 참여해야 한다. 인정받는 유명한 사람이 평가단장으로 참여한다면 평가위원으로는 원로교수와 함께 젊은 교수도 참여하고, 보직교수, 타 학과 교수도 포함되는 것이 좋다. 프로그램 영역의 교수로 이루어진 소위원회는 프로그램 평가의 기초가 되는 자체연구를 준비해야 한다. 최소한 자체연구에는 (1) 프로그램의 목표(광범한 대학 사명이란 맥락 속에서), (2) 내부적 과정과 인사의 실제를 포함하여 프로그램의 조직, (3) 가용재정자원과 실험실, 도서관의 서가 등 시설, (4) 프로그램 코스의 계열과 전문적 기준(standard)의 비교, 학생이 도달해야 할 목표의 적절성 등을 포함한 교육과정, (5) 교수의 이력사항과 책임 근무부담, 전공영역, 학문활동 등을 포함한 교수관계, (6) 학생의 입학과 졸업조건, 학급규모, 성적평가 방법, 진로지도 등을 포함한 학생관계, (7) 인지하고 있는 약점과 앞으로의 계획을 포함한 현 프로그램 관련 쟁점에 관한 논의가 포함되어야 한다. 또 각 대학의 자체연구 속에는 졸업생 수, 자연감소율(attrition rates), 등록학생수, 학생의 요구사항에 대한 경향, 도서관의 장서 수, 소속 교수의 논문과 출판물 수, 각종 시험 성적, 졸업 성공률, 과목별 경비, 비용-효과분석 자료 등의 필요한 계량적 자료가 포함되어야 한다. 그러나 Becker(1972, p.6)가 지적한 것처럼 학점당 평균비용이나 졸업생당 평균비용 등과 같은 계량적 숫자에 지나치게 의존하게 되면 교수를 줄이라는 결과가 되고 경비절약을 위하여 장학금을 줄이는 결과를 가져오기 때문에 계량적 자료만으로는 모든 것을 다 알아낼 수 없다는 것을 인정하고 계량적 자료는 질적 자료에 대한 보조에 불과하다는 사실을 이해하지 않으면 안 된다.

그래서 프로그램의 목표, 학생의 학습, 교수의 업적, 교육과정에 대한 평가는 질적인 성향을 갖지 않을 수 없다. 예를 들면 Miller(1979, pp.92~94)에 의하면 교수(faculty)의 질에 대하여 알아보고자 할 때 교수의 배경적 특성과 근무부담에 관한 통계의 수준을 넘어서 교수(teaching)의 질, 학생의 호감을 끄는 능력, 교수의 연구, 출판활동, 학과의 혁신에 대한 관심과 자기비판 능력을 포함한 학과의 생동감에 대한 초점의 수준까지 가야 한다.

4. 외부전문가의 유용성

대학의 자체연구가 끝나면 특수 학문분야의 쟁점과 경향에 대하여 전문적 식견과 지식을 갖춘 공정한 외부의 전문 자문가(역주: 우리나라에서는 한국대학교육협의회의 평가위원에 해당 됨)에게 자체연구보고서를 제출해야 한다. 이 전문 자문가는 자체연구를 검토하고, 그 학교 교직원에게 던질 일련의 질문목록을 만들고, 이어서 프로그램 관련 쟁점을 논의하고 다른 교수, 학생, 행정가를 만나보기 위해 대학 현지방문을 실시한다. 이 현지 방문평가 활동의 결과는 프로그램이 진술해 놓은 목표를 달성하고 있는지에 대해서 뿐만 아니라 이들 프로그램 목표가 그 학교와 학생 그리고 그 학문분야의 최신 경향에 어느 정도 맞느냐 하는 관점에서 설득력 있는 보고서로 나타나야 한다.

여기서 가장 중요한 것은 자체연구의 성실성과 진실성, 해당 학문영역 프로그램의 자기비판능력, 확인된 약점을 보완하고자 하는 자발성에 관한 전문 자문가의 판단이다. 학교의 지도자는 이 자문가의 보고서를 앞으로의 프로그램에 관한 결정을 할 때 기초 자료로 활용해야 할 것이다.

대학은 자문가의 보고서, 또는 보고서의 정확한 요약내용을 대학에 광범하게 배포하는 것이 좋다. 미국 시카고 대학에서는 공식적인 대학 출판물 속에 외부 자문가의 평가보고서를 포함시키고 있는데 이러한 접근은 다른 대학도 본받을 만한 가치가 있는 모델이라고 본다(Miller 1979, p.272). Howard Bowen(1980, p.37)이 평한 것처럼 각 학교는 자체가 안고 있는 문제점을 노출시키기를 원치 않고 있다. 그러나 전체 대학인이 자기네 대학의 이런 문제점을 의식하지 못하고 있는 한은 아무리 개선 노력을 하고자 한다 해도 그 성과는 기대하기 어려운 것이며, 또 광범한 학문공동체에 알려지지 않는 한은 책무성의 문제도 제한되지 않을 수 없다.

그래서 종합적이고, 솔직하며, 개선지향의 프로그램 평가를 하여 이를 공표하는 것만이 (1) 이런 평가가 교육의 질과 직결되고, (2) 이런 노력으로 계속해서 공공적 투자를 해야 할 가치가 있다는 증명이 되며, (3) 국민들의 관심에 대하여 책임을 지고 또 반응을 보여주기 위하여 정부의 평가자들이 대학을 방문하지 않아도 된다는 것을 설득할 수 있는 최선의 길이다.

I. 서 론

  지난 십여 년의 진행과정을 살펴볼 때 미국의 대학(공립, 사립 모두)과 정부(연방, 주정부) 사이에 긴장이 증대되어 왔다. 미국의 주고등교육조정기구를 포함하여 여러 곳에서 자발적인 평가인정기구를 통해서는 더 이상 학교의 질을 보장할 수 없으며 따라서 수월성을 보장하기 위해서는 주정부의 역할이 증대되지 않을 수 없다는 이야기가 많이 대두되고 있다. 공공자금을 사용하는 학교의 책무성을 보장하는 가장 적절한 수단이 무엇이냐에 대한 이러한 증대되는 관심의 초점은 학문세계에 정부가 개입해도 되느냐에 대한 불안으로 전개되고 있다.

  이러한 염려와 불안은 주정부 기구가 학문적으로 제공해 주는 질에 대한 책무성으로 초점을 맞추기 시작하면서 더욱 고조되었다. Lindeman(1974, pp.175, 178)에 의하면 1970년까지 교육용어색인(Education Index)에 없었던 책무성(accountability)은 대학의 자율성과 학문의 자유를 침해하는 결과를 낳기 쉽고, 또 고등교육의 사명과 목표, 과정에 대하여 잘 알지 못하는 국외인들에게 교육기관의 통제권을 넘겨주는 결과가 될지 모른다고 교육자들은 우려하고 있다.

  역사적으로 볼 때 미국에서 정부는 대학 프로그램의 질에 대한 검토과정을 평가인정기구에 맡겨왔다. Trivett(1976, p.7)의 지적처럼 미국 대부분의 주에서는 평가인정을 한 대학이 주정부의 허가를 받을 수 있는 충분한 질을 갖추었다는 증거로서 받아들였다. 그리고 연방정부도 주정부의 허가와 평가인정을 연방자금을 배정받을 수 있는 자격의 전제조건으로 인정하고 있다.

이렇게 대학의 질에 대한 생각이 역사적으로 합치되었음에도 불구하고 현행 자발적 평가인정제는 강한 반발과 공격을 받고 있다. 평가과정에 엄격성과 표준과 기준이 부족했고, 평가 참여자에 대한 진지한 자기비판이 부족했으며, 또 '등급기식' 풍토는 모두 평가인정제에 대한 비판을 불러들였다. 평가인정기구는 수월성의 기준과 표준을 계속 감시하지도 못하고 또 이를 강력히 요구하지도 못할 뿐만 아니라 대학이 어떤 기준에 미달하고 있는지에 대해서도 제대로 보고하지 못한다는 점을 Trivett(1976, p.59)는 지적하였다.

공공자금을 배분하고 관리하는 책임을 지고 있는 사람들은 이러한 비판을 심각하게 받아들이고 있다. 실제로 미국 17개 주에서는 주정부 내 고등교육부서 관할 내 기관평가와 프로그램 평가의 책임과 일반적 권한을 부여하고 있다(Harcleroad, 1980a, p.1). 그래서 결과적으로 교육기관 내 수월성을 보장해 주던 자발적 평가인정기구의 입장은 위협을 받고 있다. 자발적 평가인정기구의 앞으로의 역할은 "기구 내에서 얼마나 질서를 유지할 수 있느냐와 정부기관을 포함하여 일반 대중과 대학의 신뢰와 지지를 얼마나 받을 수 있느냐에 달려 있다"고 Joseph Semrow(1977, p.2)는 결론을 맺고 있다. Riesman(1980)도 지역평가인정기구들은 적어도 다음 두 가지 이유로 인해서 평가인정의 과정을 개선해 나가야 한다고 믿고 있다. 첫째, 학문의 질저하를 방지하기 위하여(p.336) 그리고 둘째, 학문적 질 평가의 과정에 연방정부의 규제가 끼어들지 못하도록 막아내기 위하여 평가인정 과정을 개선해야 한다는 것이다.

평가인정의 과정을 철저히 해야 한다는 요구의 증대에 대하여 지역평가인정기구들이 얼마나 부응해 나가느냐에 상관없이 학문적 수월성 추구에 대한 증대되는 정부의 관심은 좀처럼 줄어들 것 같지 않다. 미국의 모든 평가인정기구의 지도적 우산 역할을 하는 미국고등교육평가인정기구협의회(the Council on Postsecondary Accreditation; COPA 역주: 2006 현재는 Council for Higher Education Accreditation; CHEA임)도 다음과 같이 시인하고 있다.

> 평가인정 자체가 연방자금과 주정부자금의 건전한 투자를 결정하기 위한 근거가 되기는 어렵다. 또 연방정부나 주정부의 소비자보호법이나 다른 규제법에 상응하는 정책수행에 정부의 한 기구로서도 기능을 발휘할 수 없다(Young & Chambers 1980, p.93).

그러므로 만일 교육자들이 학문적 문제보다 신뢰성이라는 문제에 정부 규제의 초점을 맞춰주기를 원한다면 현재의 학문 프로그램에 대한 검토의 과정을 보다 철저히 적용하는 것이 현명하다.

이 책은 교육의 질과 공공정책과 관련된 문제점을 다루고자 한다. 우선 정부의 규제에 대한 논란을 포함하여 학문기관에 대한 정부의 역할에 대하여 논의하면서 전개해 나가고자 한다. 제Ⅱ장에서는 미국 평가인정제의 역사적 전개과정에 대하여 조사해 보고 이에 대한 불만을 다루어 보고자 한다. 제Ⅲ장에서는 주입법기관과 집행기관이 지적하는 평가인정제의 약점에 대한 반응을 제시하고 국민들의 교육의 질에 대한 우려에 해답을 주는 대학 자체의 자기규제를 제시하게 된다. 제Ⅳ장은 대학행정가에게 가치 있고 결정지향적 자료를 제공해 줄 수 있으리라 믿어지는, 또 대학이 고도의 질 높은 학문 프로그램을 만들어 내고 있다는 것을 정책결정자, 학생, 모든 관련자들을 만족스럽게 해주는 대학의 기관자체평가와 학문영역평가의 여러 접근에 대하여 좀 깊게 논의하게 된다.

II. 학문기관에 대한 정부의 개입

　지난 십여 년간 정부가 대학 캠퍼스에 개입해 온 데 대하여 많은 논란이 있었던 것은 결국 '민주주의'와 '부분적인 제한된 정부의 개입'은 둘 다 보호되어야 한다고 미국인은 믿고 있으며, 또 고치고자 하는 해악이 비록 대수롭지 않을지라도 미국인들은 자신의 생각대로 표현하기를 주저하지 않는다고 Alexis de Tocqueville이 말한 것을 확인해 준 셈이다.

　유럽에서는 미국과 달리 국가정부가 교육문제를 직접 다루어 왔다. 1808년 나폴레옹 황제는 프랑스의 새 공립학교제도를 감독하기 위하여 문부성을 설립했었다. 그리고 약 일 세기 후(1919)에 영국은 국내 대학에 공공자금을 배분하는 일을 감독하기 위하여 대학보조금위원회(University Grants Committee; UGC, 역주: UFC로 바뀌었다가 HEFC로 바뀜)를 창설하였다. 이런 프랑스나 영국식의 조치를 미국에서는 하지 않았다.

1. 초기의 정부 개입

1642년 9월 23일 미국 매사추세츠 주지사 John Winthrop가 하버드대

9명의 원로교수들에게 원로교수 자격을 부여하는 최종 심사를 주재한 사실이 있기는 하지만(Harcleroad 1980b, p.1) 미국 초기의 대학들은 비교적 정부의 감독을 받지 않았다. 미국 헌법 10차 개정에서 헌법에 명시되지 않은 영역은 주정부의 책임이라고 하였는데 위와 같은 사실은 연방정부 시대에도 계속되었다. 미국 연방정부 헌법에는 교육과 고등교육에 관한 언급이 없기 때문에 이는 모두 주정부의 권한과 책임 범위에 속한다. 그렇지만 13세기 Frederick Ⅱ세가 처음으로 '주립대' 특허장을 수여한 전통으로부터 대부분의 주에서 오랫동안 주정부의 권한 행사를 제한하였다(Hobbs 1978, p.7). 이러한 전통은 초기 식민지 시대 북미 대륙에까지 전파되었다. 식민지로부터 독립이 되면서 왕이나 황제 대신 주정부가 특허장을 수여하였다.

　주정부의 자유방임적 태도를 다지는 계기가 된 사건은 'Dartmouth 대학의 사례'이다. 이 대학은 1769년 영국 왕으로부터 특허장을 받아 설립되었다. 12명의 이사가 대학의 운영과 교육적 책임을 맡았다. 이러한 입장은 이사회의 다수 집단이 총장을 추방하는 사건이 생길 때까지 근 반세기 동안 지속되었다. 뉴햄프셔 의회는 총장과 이사회 소수집단 편을 견지했고 이사회의 통제를 견제하려는 노력으로 이사를 21명으로 늘리기로 결정하였다. 주지사는 9명의 새 이사를 임명할 권한을 갖게 되었다. 대학이 받아들일 만한 방향으로 확실히 나아가게 하기 위하여 주의회는 이사회를 견제하는 거부권(Veto power)을 갖는 감독위원회(board of overseers)도 설치하였다.

　12명의 이사로 구성되었던 원래의 이사회는 이 문제를 재판에 부쳤다. 이 이사회를 옹호하는 주장을 하면서 Daniel Webster는 미 대법원 판사에게 다음과 같이 진술하였다.

　　재판에 제기하는 본건은 보통 중요한 문제가 아니다. 이 문제는 이 대학에 국한되는 문제가 아닐 뿐만 아니라 모든 대학, 그리고 모든 교육기관에 해당하는 문제이다. 이들 기관은 지금까지 번창 발전해 왔고 지역사회에 많은 높은 존경을 받아왔고 유용한 기관이었다. 그런데 이런 교육기관이 인기집단의 흥망성쇠에 따라 변하는 대상이 되고 또 정치적 의견에 따라 좌우되는 대상이 되는 것은 위험하고 아마 하나의 가장 위험한 실험이라고 본다(Dartmouth 대학 이사회 대 Woodward, 4 Wheat 518, 17 U. S. 518[1819], 4L. Ed. 629).

대법원은 원특허장은 함부로 변경할 수 없고, 그러므로 주의회의 조치는 대학의 권한을 침해한 것이라는 판결을 내렸다. 이렇게 해서 대법원은 정부가 대학 캠퍼스에 들어오는 것을 막기 위해 Dartmouth 주변에 방공호를 파준 셈이다.

2. 국가이익의 대변

이러한 대학 보호는 수년 동안 지속되었다. 정부가 때때로 고등교육기관에 자금을 대어주기는 하였지만 대부분 대학들이 정부의 도움이나 간섭 없이 운영되어 왔다. 19세기 전반부에는 어느 정도 공공재정 지원을 받는 대학(대개는 사범학교)이 있었기는 하지만 고등교육에 대하여 처음으로 중요한 공공지원을 하도록 발동을 걸어준 계기는 1862년의 모릴토지대여법으로부터 비롯되었다. 교육이 주의 책임하에 있다고 하더라도 미하원은 국가가 대응해야 한다고 믿는 국가차원의 문제에 대처해야 한다고 생각하였다. 당시 미국이 당면한 절박한 문제는(물론 노조를 구하는 것 말고) 인구가 팽창하고 있으며 또 이용할 토지가 확대되고 있는 지방을 지원할 수 있는 미국의 농업역량과 기술 능력을 기르고 발전시키는 일이었다.

그래서 연방정부의 고등교육활동의 대부분은 국가이익을 가져오도록 개입하는 원칙과 일치하였다. 제2차 세계대전 후 미국 국민들은 군인으로 복무해 온 사람들에게 어떤 의무감 같은 것을 느끼고 있었다. 뿐만 아니라 미국 수도 워싱턴 시내에서 행진을 주도해 온 제대군인들이 갖는 1차 대전 후의 불만을 해소시키기 위하여 미 하원은 열심히 노력하였다. 그 결과 미국 제대군인원호법(G. I. Bill of Rights)이 제정되었다. 이 제대군인원호법의 주요 영향 중의 하나는 고등교육기관이 엘리트를 위한 교육으로부터 대중교육을 위한 것으로 전환하게 되었다는 점이다. 이런 추세는 1958년 미 국방교육법이 통과되면서 이 법은 소련의 최초 인공위성이 발사된 데 대한 대응으로 미 고등교육을 발전시키기 위하여 제정된 것이지만 동시에 고등교육의 문호를 확장하는 결과를 가져왔다. 미국 고등교육이 보편화되도록 하는 계기는 1965년 미 고등교육법과 1972년의 교육개정법이었다. 그런데 교육개정법은 전후 베이비붐에 의한 중산층과 그 다음엔 중산층에 포함되도록 하려고 빈곤층과 소수민족에게 일정 수를 할당하고 장학금으로 재정지원을 해주는 것이었다. 미 하원은 1980년 고등교육법을 통과시킴으로써 이러한 목표를 재확인하였다.

Reagan 행정부 때 연방정부의 예산이 감축되었지만 고등교육을 받기 어려운 사람들이 혜택을 못 받는 일이 없도록 하기 위하여 연방정부의 학생보조 프로그램을 계속해야 한다고 미 하원은 지적하였다.

정부가 고등교육에 개입한다는 느낌을 갖게 하는 것은 단지 고등교육기회 확대 영역뿐이었다. 예일대 총장 A. Bartlett Giamatti(1980)가 말한 것처럼 미국의 주요 연구중심대학으로 하여금 연방정부 지원의 연구센터로 전환시키고 소련의 도전에 대응하는 필요한 조치를 취할 수 있도록 해준 것은 1960년대와 1970년대의 연방정부의 재정지원이었다. 대학을 지원하는 이러한 공공정책이 '대중의 선(massive good, p.63)'을 가져왔다고 Giamatti 총장은 말하고 있다. 연방정부의 자금으로 인해서 문학과 인문과학, 외국어 연구, 문화부분이 지원을 받고 또 많은 학교건물과 학생 기숙사를 건축할 수 있게 되었다.

3. 연방보조와 규제의 증가

미 연방순회재판소 판사이며 법률전문가이고, 하버드대 강사인 Harry

T. Edwards(1980, p.45)는 연방정부가 재정적으로 미국 고등교육이 건전해지도록 도와준 것은 사실이라고 지적하였다. 1978년 하버드대 예산의 26%, MIT공과대학 예산의 50%, 프린스톤대 예산의 46%, 미시간대 예산의 17%가 연방정부가 있는 워싱턴에서 나왔다. Edwards는 미국 대학 예산의 1/8~1/6이 연방정부로부터 나온다고 보고한 Sloan 정부·고등교육위원회의 연구를 인용하고 있다. 그렇지만 연방자금지원만으로 미국 고등교육의 전모를 알 수는 없다. 1970년대 후반까지 미국에서 적어도 39개 주가 사립대와 사립대 학생들에게 주정부의 자금을 지원해 왔다(Meinert, 1977, p.75). 연방과 주정부 양쪽 자금을 합쳐 스탠포드대나 하버드대와 같은 명문대학을 포함하여 많은 사립대들이 연간 운영예산의 절반을 공공자금으로 충당하고 있다(Moynihan 1980, p.32). 전 컬럼비아대학 총장 William McGill(1977)은 적어도 자기 대학예산의 1/3과 아마 교수의 반에 해당하는 수의 지적 활동을 위한 사람을 위하여 공공재원에 의존하고 있다는 사실을 인정하면서 "이제 컬럼비아대학은 더 이상 진짜 사립대학일 수 없다"(p.134)고 표현하였다. 그리고 다른 사람들도 많은 대학들이 정말 사립이냐에 의문을 제기한다. 1982 회계연도에 뉴저지 주는 사립기관의 보조에 1천 8십만 달러를, 그리고 사립대학 학생 수업료 보조에 1천 1백 9십만 달러, 사립대학 학생 중 교육적 경제적으로 불리한 입장에 있는 학생을 위한 교육기회 프로그램 자금지원에 2백만 달러를 추가로 지원하였다.

공·사립대에 대한 정부지원의 증대와 함께 지난 30여 년 전부터 싹트기 시작한 정부의 규제도 증대되었다. 1970년대에 워싱턴 연방정부의 전에 없던 긴 팔이 대학 캠퍼스에 미치기 시작하였다. 두 가지로 이를 설명할 수 있다. 즉, 각 주정부 간의 교제에 대한 규제의 일반적 증가와 연방정부 자금지원의 구체적 증가가 차별금지조치, 차별수정조치(affirmative action, 역주: 미국 흑인 소수민족·여성고용·고등교육을 적극적으로 추진하기 위한 차별수정 조치임), 그리고 과제연구 결과와 재정지원 활동에 대해 보고해야 하는 등과 같은 필수 요구사항을 수반하는 재정자금으로 미국 고등교육에 공헌하는 바 크다(Bender 1977, pp.48~49). 지금까지도 Reagan 대통령이 연방정부의 관료적 구조를 축소하도록 압력을 가할 때 많은 정부의 감독은 주정부 수준에서 수행되는 것이 최선이라는 맥락에서 추진하고 있다. 그래서 연방정부의 퇴조를 근거로 하여 주정부 규제의 증가를 기대하기 쉽다.

고등교육에 대한 주정부의 규제가 확대되기 시작한 것은 뉴욕 주만이 주내의 모든 대학에 대하여 감독권을 발동하기 시작한 1940년으로 거슬러 올라가 지난 40여 년 동안에 생긴 일이다. 1960년대에 제약 없는 발전기에 대학들이 서로 경쟁하고 있었는데 이를 진정시키기 위해 연방정부가 압력을 가한 결과로 주정부 수준의 계획과 조정이 필요하게 되었다고 Louis Bender(1977, p.62)는 주장한다. 1980년까지 위스콘신 주만이 주 내 고등교육기관에 대한 주의 법적 권위를 줄이는 경향이었다(Kess 1980, p.19).그러나 미국 내 대부분의 다른 주에서도 고등교육기관의 설입인가와 새로운 학위 프로그램의 승인에 대한 학문적 영역 내에서의 주정부의 활동은 제한하는 입장을 취했다. 1977년 Jung(1977, p.5) 등은 사립 고등교육기관에 대한 주정부의 규제에 관한 조사연구를 수행하였는데, 이 연구에 의하면 30개 주에서는 대학의 목적과 통치, 운영에 관한 법이나 규정을 갖고 있지 않았으며, 25개 주에는 코스의 기간과 내용에 관한 규정도 없었고, 28개 주에는 졸업요건에 관한 규정도 없고, 또 24개 주에는 교수 자격과 교수부담(teaching load) 및 교수 대 학생 비에 관한 규정도 없었다는 것이다.

4. 규제에 대한 논란

그런데도 정부가 사립이나 공립이나 대학에 대하여 똑같이 너무 개입하고 너무 부담을 주는 것이 아니냐에 대하여 논란이 계속 일고 있었다. Bender(1977)는 다음과 같은 점에 주의를 기울였다.

1970년대 고등교육에 관한 문헌 속에는 고등교육기관의 자기결정적 비용에 대하여 책무성(accountability)을 져야 한다고 주장하는 사람들과 고등교육기관은 보고활동이나 책무활동을 전적으로 면제받아야 한다고 주장하는 사람들 사이의 차를 묘사하는 데 너무나 감상적인 양극으로 표현하고 있었다(p.58).

이러한 상반되는 논쟁에 대한 가능한 한 설명은 고등교육기관이 플라톤의 「공화국(the Republic)」 시절에 설립된 이래 당시 상업과 산업을 특징짓던 복잡한 규제를 비교적 받지 않는 역사적 배경을 갖고 있다는 것이다 (Sumberg 1978, p.76). 이런 역사적 전통 때문에 어떤 새로운 규제적 조치를 하려고 할 때 정부활동에 저항하게 되는 것이다. 1977년 Sloan위원회가 행한 조사에 의하여 이런 주장이 뒷받침되고 있다. 이 위원회의 연구에서는 정부에 대한 학문기관의 불편한 감정의 수준은 독립성의 제한을 수반하는 데 따른 새로운 관계성(예: 규제적 관계성)과 자연적 저항의 결과라고 지적하였다(Edwards 1980, p.16).

일반적으로 합의된 사회적 목적을 만들어 내기 위한 고등교육에 대한 정부의 의도에 대하여는 비교적 긍정적이라는 데 많은 사람들과 관계자들이 의견의 일치를 보고 있다. 예를 들면 예일대의 Giamatti(1980)는 "정부규제의 의도가 시장독점에 대한 정부 의도와 많은 시민의 사회적 재화에 대한 합법적인 요구의 무시에 대한 정부의 의도로 인하여 생긴 장애물을 극복하려는 것이었다"(p.60)고 논평하였다. 그렇다면 문제는 정부규제의 의도에 있는 것이 아니라 그 대안적 실천으로 생각하는 것이 무엇이냐에 있다. 규제를 수행하는 방법이 "하려고 했던 것을 방지했느냐"(p.60)에 의문을 제기하지 않을 수 없다. 불행하게도 비통제적 규제는 "단지 주간 텔레비전에 몇 초"(p.60)에 불과한 이미지에 위협을 주는 결과가 되었다고 결론을 맺었다.

Sloan위원회는 여러 가지 규제적 위협에 대하여 언급하고 있다. Sloan위원회가 캘리포니아 주에서 시행한 연구에 의하면 정부의 규제는 "비용을 유발하고, 창의성과 다양성을 위축시키고, 효과적인 행정을 파괴하고 극단적으로는 학문의 자유를 침해한다"(Kaysen et al. 1980, p.35)고 지적하였다. 특히 많은 서류 요구도 고등교육기관을 괴롭히는 결과가 된다. 더구나 1976년 위스콘신대(University of Wisconsin)는 미 보건교육후생성에 의하여 8회, 해군성으로부터 1회, 주의회감사국으로부터 8회, 대학 이사회로부터 22회, 도합 39회에 걸친 각각 독립된 감사를 받았다고 Sloan위원회는 보고하였다(Kaysen et al. 1980, p.33). 플로리다 주 Brevard 지역사회대학에서도 이와 비슷한 부담을 가졌던 것을 Bender와 Breuder(1977, p.17~18)도 발견하였다. 한 달 동안에 이 대학은 15개 연방정부의 서식과 31개의 주정부 서식, 9개 군(county)의 서식을 제출하라는 요구를 받았다. 뿐만 아니라 플로리다 주 성인훈련부(Florida Division of Aging)의 지원금에서는 1년에 60개의 보고서를 내도록 대학에 요구하였다. 만일 다른 대학들도 위스콘신대와 브리바드 지역사회대와 같은 입장이었다면 아마 교육기관들이 왜 화를 내는지 이해할 수 있을 것이다. Edwards(1980, p.43)는 부담이 본질적인 것이 아니었다고 주장하지만 정부의 규제가 대학에 너무 비용과 부담을 주었다는 분위기는 확실하다.

"미국의 고등교육은 대부분 어떤 형태로든 정부의 규제를 받게 될 것"(p.109)이라고 Stephen Bailey(1978)는 한때 주장한 바 있다. 이런 맥락에서 수십년 전에 미 대법원 판사 Felix Frankfurter는 Sweazy 의견서에서 고등교육의 적절한 규제, 또 최대한의 규제에 대한 변수를 제시하였다. Frankfurter는 방어욕구에서 나온 4개의 필수 자유, 즉 (1) "누가 가르치느냐, (2) 무엇을 가르치느냐, (3) 어떻게 가르치느냐, (4) 누구를 학생으로 참여시키느냐의 학문적 바탕에 근거"한 결정의 자유에 대하여 언급하였다. "사회의 선을 위하여 정치권력은 절박하고 분명하게 명령하지 않으면 안 될 이유가 없는 한 이런 네 자유 활동을 침해해서는 안 된다"(Sweazy 대 뉴햄프셔, 354 U. S. 234〔1957〕)고 그는 결론을 내렸다.

고등교육에 대한 정부의 어떤 감독도 이 Frankfurter의 '네 가지 자유'를 침범하고 있다고 주장하는 사람들이 있다. 예를 들면 고등교육에서 능률을 증진시키기 위한 주정부의 활동이 다원주의(pluralism)를 위배한다고 Young(1977)은 지적하였다. 즉 "고등교육에 대한 체제적 접근이 고등교육을 손상시키지 않고 능률만을 추구할 수 없다"(p.33). 그는 다음과 같이 계속한다.

고등교육은 미국의 가장 중요한 자원이다. 고등교육의 수월성(excellence)을 추구하지 못하거나, 학문의 자유와 탐구의 자유를 제한하거나, 재정적 또는 도덕적 지원을 줄이거나, 통제의 증가로 부담을 많이 주면 고등교육기관뿐만 아니라 사회에 대하여도 장기적 의미에서 큰 손실을 주는 결과를 가져오게 될 것이다(p.35).

10년 전에 미국 대학교수연맹(American Association of University Professors)도 이와 관련하여 비슷한 입장을 표시하였다.

만일 고등교육기관의 정책과 프로그램이 지방이나 국가 공동체로부터, 또는 입법기관과 공무원으로부터 필요 이상의 또 잘못된 압력을 받게 된다면 교육의 과정에 있어서의 통합은 위험에 직면하게 된다(Baratz 1978, p.24).

능률이라는 미명하에 채택해 온 "행정절차와 예산절차에서 초래된 공립대학의 자율성에 대한 특별한 위협"을 정책적 진술로 표현한 것이다(Baratz 1978, p.24).

5. 규제의 제거

당시 미국고등교육평가인정기구협의회(COPA 역주: 2006년 현재는 CHEA로 바뀜)의 회장대리였던 Charles M. Chambers(1980)는 주정부의 설립인가 자체가 원초적 정부 규제의 사실로 볼 수 있다(p.2)고 주장하였다. Chambers는 주정부의 인가에 관하여 특히 소비자 보호라는 역할의 관점에서 극단적인 견해를 표명한 사람 중의 하나이다. 많은 사람들이 규제가 없으면 파멸이 온다는 데 의견을 같이한다. 미국 전역의 많은 교육자들은 너무 느슨한 몇 개 주, 특히 캘리포니아 주의 인가기준 때문에 학문적 수준의 가치를 떨어뜨렸다고 비난한다. 쉽게 인가 테스트에 통과하고 나서 평가인정을 받고자 하지 않으면 이런 대학들은 외부의 질 검사를 전연 받으려 하지 않는다(Harcleroad and Dickey 1975, p.3). 그래서 대중들이 쉽게 무의미할 정도로 고등교육기관에 몰려들게 된 이래 일반적으로 학문기관들은 고통을 받게 되었다. 공정한 실행기준을 정하지 않은 대학에 사무적으로 공공적 면허를 인정하는 데 대하여도 이와 비슷한 우려를 하고 있다. 이에 관하여 Gellhorn과 Boyer(1978)는 다음과 같이 명쾌하게 표현하고 있다. "대학은 공정성과 개방성, 교육의 기회균등, 거대하고 강력한 기관에 대하여 가해지는 책무성에 대한 현대의 강력한 요구들을 피할 수 없는 너무나 중요한 사회적 기관이다"(p.28).

Ⅲ. 평가인정제의 부적절성

　19세기 말까지만 해도 학문의 질에 있어서 미국의 대학들 간에 현저한 차이가 있었다고 Harcleroad와 Dickey(1975, p.2)는 주장하였다. 미국의 고등교육에 대한 어떤 질서를 확립하기 위하여 교수방법 향상을 위한 카네기재단(Carnegie Foundation for the Advancement of Teaching)은 대학이 될 수 있는 학교와 고등학교가 되어야 하는 학교들을 구별하고자 하였다(Riesman 1980, p.322). 이 카네기재단이 설정한 대학의 기준에 도달하기 위하여 (그래서 대학교수를 위한 카네기재단의 새 연금계획에 참여할 수 있는 자격을 갖기 위하여) 여러 학교들은 4년간의 대학 전 교육, 즉 고등학교 공부를 반드시 마치지 않으면 안 되었다. 그래서 카네기재단이 만든 '카네기 학점단위(Carnegie Unit)'가 중등학교 과정의 대학준비적 성격을 알아보기 위한 측정수단으로 사용되고 또 이런 과정들은 대학의 교육과정에서는 제외시키게 되었다. 대신에 대학수준의 교양과정(Art and Science)이 생기게 되었다.

　마찬가지로 고등교육의 질 향상을 위한 노력에 연방정부가 깊숙이 개입하게 되었다. 1910년 미국 교육국(United States Office of Education)의 초대 고등교육 전문가였던 Kendric C. Babcock는 이어지는 석사학위 프로그램에서의 각 학교 졸업생의 성공 수준에만 근거하여 대학을 네 수준으로 분류하는 방안을 개발하였다. 이 분류체계의 초안에 대한 논평을 구하였다. 17%의 대학이 최상위 집단에 포함되었기 때문에 나머지 대학들이 즉시 동요하였다. William H. Taft 총장은 분류된 학교 명단의 공개를 보류해야 한다고 주장하였다.

1. 자발적 평가인정제의 태동

비록 Babcock의 시도가 끝났지만 1917년 미 교육국(Office of Education)은 해당 주정부가 면허를 인정해 주고 여러 자발적 평가인정집단들이 평가인정을 해준 학교들의 명단을 출판하여 발표하였다(Selden 1960, p.46~49). 오늘날은 계속되고 있는 이러한 평가인정의 실제는 자발적 평가인정제로 하여금 연방정부의 승인을 받게 된 셈이며 질에 대한 수용할 수 있는 수준을 위하여 평가인정기구가 설립된 셈이다.

자발적 평가인정제는 고등교육과 중등교육의 연계문제를 논의하기 위하여 고등교육기관과 중등학교가 동시에 참여하게 되는 유래를 낳았다(Harcleread, 1980, p.6~7). 1871년 미시간대(University of Michigan) 교수들이 미시간 주 내의 고등학교 졸업생들에게 시험 없이 자기네 대학에 들어올 수 있는 충분한 자질을 갖추었는지 알아보기 위하여 주 내(內) 고등학교를 방문하기 시작하였다. 고등학교의 수월성(excellence)을 파악하려는 이러한 노력이 평가인정제의 기초가 되고, 또 최초로 중등학교에 주의를 집중하는 지역평가인정기구의 설립을 보게 되었다. 그래서 1887년에 미국 중부주평가인정기구(Middle States Association)가 설립되었는데 이 기구는 대학평가인정의 기준을 다루는 다른 지역평가인정기구의 탄생보다 30여 년 빨랐다. 1913년에 대학평가인정기준을 처음으로 설정한 이들 기구 중의 하나인 미국 중북부대학·중등학교 평가인정기구(North Central Association of Colleges

and Secondary Schools)가 처음으로 학교를 평가인정하기 시작하였다
(Young and Chambers 1980, p.90~91). 그 후 약 40여 년이 지나는
동안 미국 내 여섯 개의 지역평가인정기구의 평가인정활동으로 미국 전역의
모든 고등교육기관과 중등학교들은 평가인정의 압력을 받게 되었다.

2. 평가인정과 정부

그러나 고등교육 학문공동체는 자발적 평가인정 과정에 훨씬 많은 위험부
담을 갖게 된 강력한 질 검사체제 때문에 정부는 자발적 평가인정제에 의존
하게 되었다. 연방정부는 자발적 평가인정제에 근거하여 연방정부 지원을
받을 수 있는 학교를 결정하고, 많은 주정부에서는 지역평가인정을 주정부
의 승인을 받는 데 요구되는 최소한의 질 기준을 통과했다는 증거로 받아들
이고 있다(Trivett 1976, p.7).

실제로 Finn(Trivett 1976, p.19에서 인용)은 평가인정으로 인해서 정
부는 어느 학교가 공공자금지원을 받을 자격을 갖추었는지 결정하는 고민을
할 필요가 없게 되었다고 믿고 있다. 이렇게 해서 Frankfurther가 Sweazy
에서 인용한 제1차 개정헌법의 자유에 대한 침해라 하여 정파적 정치쟁점이
었던 것을 비정치 문제화하는 데 성공하게 되었다.

제2차 세계대전 후 지역평가인정기구가 성장하면서 적극적이고 존중받는
자발적 제3자만이 대학에 대한 정부의 개입을 막아낼 수 있는 가장 강력한
수단이라고 믿는 그런 방향을 따르게 되었다(Harcleroad 1980b, p.12).
그러나 평가인정기구들은 자신의 역할이 공공정책의 실현여부를 감독하는 것
이 아니라 질을 관리하는 것이라는 입장을 분명히 하고자 하였다. 미국중부주
평가인정기구의 사무총장이었던 Robert Kirkwood가 미 의회에서 증언한
바와 같이 "평가인정기구를 연방정부의 세력 강화의 지부로 흡수하려는 어떤

노력도, 교육개선의 증진이라는 원초적 기능으로부터 빗나가게 하는 어떤 현상"도 자발적 평가인정의 목적을 흔들어 놓는 한은 위험천만이다(Bender 1977, p.51).

3. 평가인정의 목적과 원리

  자발적 평가인정제를 주창하는 사람들은 평가인정과 질관리를 밀착시킬 것을 제안한다. 평가인정제가 모든 책무성에 대한 문제를 충족시켜 줄 수 없다고 하더라도 질 보장을 위하여 중요한 역할을 기대한다고 Casey와 Harris(1979, p.21)는 표현하였다. 이 질 보장에는 (1) 교육의 질과 (2) 기관의 통합성(institutional integrity)이라는 중요한 두 영역이 포함된다(Young and Chambers 1980, p.92). 그러나 평가인정의 목적을 훨씬 더 제한시켜 보는 사람들도 있다. Troutt(1981, p.45)의 입장에서는 평가인정을 교육의 질의 현실을 규명하기 위한 한 방안으로서 학교기관의 구조와 내적 과정에 대한 검사(examination)로 보고 있다. 미국고등교육평가인정기구협의회(COPA) 전신 중의 하나인 지역평가인정위원연합회(Federation of Regional Accrediting Commissions)는 현 상황에 적용될 수 있는 평가인정의 정의를 다음과 같이 하고 있다. 평가인정은 다음과 같은 것을 보증해 준다고 주장했다.

  각 대학이 명백히 정의해 놓은 적절한 교육목표를 갖고 있으며, 목표달성을 기대할 수 있고 또 실제로 목표를 달성하고 있는 것으로 나타나고 있는 교육조건을 갖추었는지, 그리고 앞으로 이런 조건들이 계속될 것으로 기대할 수 있는 조직과 직원지원체제가 되어 있는지를 보증할 수 있다(Young and Chambers 1980, p.91).

미국 중부주평가인정기구(Middle States Association, 1978)는 이보다 더 간결하게 말하고 있다. 평가인정의 획득이란 "대학의 목적, 목적달성을 위한 실천과 자원을 신뢰할 수 있다는 하나의 표현이다"(p.12).

평가인정의 표준(standards)으로 교육의 질을 정의하려고는 하지 않으며, 일반적으로 질이 측정되어야 한다는 공통수준점이 없다는 입장이다(Troutt 1981, p.48). 오히려 대학의 질의 평가는 그 대학 자체의 사명이나 자체의 목적에 근거해야 한다. 미국 중부주평가인정기구(MSA, 1978)가 제시하고 있는 것처럼 "미국 중부주의 평가인정은 각 대학에 알맞은 목표에 근거하고 있기 때문에 어떤 방법으로도 표준화를 요구하거나 암시할 수 없다. 그 대학의 의미는 각 대학의 목표(goals)와 관련지어 해석되지 않으면 안 된다"(p.3). 이러한 평가인정 체제야말로 "교육적 평가인정의 본래의 정신"(Young and Chambers 1980, p.90)에 해당된다.

이러한 접근은 각 대학이 각 대학의 사명과 목적을 기초로 하여 논의하는 자세한 자체평가연구(self-study)를 준비할 것을 요구한다. 미국 6개 지역내 각 대학이 실시하고 있는 자체평가연구(self-studies)의 4개의 다른 공통요소(앞의 사명과 목적을 제외한)는 (1) 재정자원, (2) 도서관 또는 학습자료 센터의 보유, (3) 교수, (4) 교육프로그램의 적절성에 대한 기술과 분석이라고 Troutt(1981, p.46)는 말하고 있다. 뿐만 아니라 대부분의 평가인정기구들은 (1) 대학의 조직과 행정, (2) 시설, (3) 학생을 위한 봉사에 초점을 맞출 것을 요구하고 있다. 각 평가인정기구는 각 대학이 오로지 자체평가연구에만 의존해서는 안 된다는 믿음을 분명히 밝히고 있다. 예를 들면 중부주평가인정기구(MSA, 1978)는 "교육과정은 교육상황적 요구가 변함에 따라 수정을 하면서 계속적인 평가를 해야 한다"고 관내 각 대학에 요구하고 있다. 또 이와 병행하여 평가와 계획에 대한 규정이 필수적이다"(p.12).

6개 지역평가인정기구 중 5개 지역평가인정기구에서 표집한 286명의 평가단을 대상으로 조사한 최근의 연구에 의하면 이들은 자신의 역할을 교육의 질v평가자로서 상당히 진지하게 받아들이고 있다는 것이다. 조사대상의 거의 60퍼센트가(미국 남부주평가인정기구의 47.2%에서 중부주평가인정기구의 70.7% 범위) 교육의 질결정을 현지방문(on-site-visit)의 '중요한' 목적이라 보고 있다. 교육의 질이 보증될 수 있는지 확인하기 위해서는 평가인정의 과정을 진행하기 위한 일정한 사전 조치가 있어야 한다. 첫째, 현지 방문의 준비로서 평가 팀은 각 대학의 자체평가연구를 소화할 만한 충분한 시간을 가져야 한다. 둘째, 이 자체평가연구는 대학의 미래 계획을 위해서는 물론이고 현지 방문에도 유용하기 때문에 자체평가연구에서는 말하고자 시도하는 (또는 표현에 빠진) 특별한 쟁점과 그 대학의 강점과 약점을 완전히, 그리고 정확하게 평가해야 한다. 끝으로 셋째는 평가인정 현지 방문단이 현지 방문하는 동안 만일 평가위원들이 대학에 대하여 정확한 인지를 하고자 한다면 대학사회의 모든 구성원들은 자유스럽게 그리고 솔직하게 말해 주지 않으면 안 된다. 각 평가인정기구들은 솔직성은 객관성 보장에 절대적"(Young and Chambers 1980, p.93)이라는 입장을 취하고 있다. 중부주평가인정기구의 방침과 절차(Policies and Procedures) 편람(1978) 속에는 "대학자체평가연구보고서의 솔직성은 그 대학의 통합성의 반영이다"(p.38)라고 하여 강력한 표현을 담고 있다.

4. 평가인정의 과정에 대한 비판

말할 필요도 없이 대학자체평가연구가 다 솔직하다고는 볼 수 없다. 그래서 평가인정 심사의 타당성이 떨어진다. 평가인정의 과정에 대한 불평은 오래된 이야기다. 학부 대학생이 대학원에 진학한 성공률이라는 하나의 기준(criterion)에 근거하여 대학의 질을 결정하겠다고 Babcock이 제안한 방법은 아주 제한된 개념이다. 마찬가지로 지역평가인정기구와 학문영역평가인정기구(1906년에 처음으로 프로그램 평가를 실시한 미국의학회(American Medical Association)가 최초의 기구였다)가 취한 접근은 그 유용성에 있어서 상당한 제한을 받고 있다. Selden(1960)에 의하면 19세기 말에 운영되던 고등교육의 지나친 자율을 억제하려는 생각으로 평가인정기구들은 "결과적으로 이성의 범위를 넘게 되고 이어서 지나친 것을 제약시킬 필요를 느끼고 지나치게 표준화시키려는 시도를 하였다"(p.29)는 것이다. 일반적으로 평가인정기구들은 도서관의 크기, 학과의 수, 수업집단, 학급의 크기, 학생당 경비와 같은 요인들에 대한 평가에 근거한 계량적 접근을 하였다(Selden 1960, pp.40-41). 1928년 Floyd Reeves와 John Dale Russel이 행한 29개 대학에 대한 연구에 의하면 이런 계량적 측정치와 현명하고 전문적인 관찰자들이 교육의 수월성(educational excellence)이라고 동의하는 것과의 사이에는 실제로 상관관계가 없다"(Riesman 1980, p.330)는 것이다.

개혁해야 한다는 압력이 증가됨에 따라 평가인정기구들도 다른 방법으로 평가인정을 하는 방향으로 움직여 갔다. 평가인정의 접근방법을 변화시키기 시작한 첫 평가인정기구는 미국 중북부지역평가인정기구(North Central Association)였다. 1934년에 NCA는 임의적인 계량적 표준(quantitative standards)에 의하여 각 대학을 평가하는 것이 아니라 각 대학이 봉사하고자 하는 목적에 의하여 각 대학을 평가하기 시작하였다. 이러한 새로운 출발은 평가인정기구의 정책결정기구적 성격을 줄이고 대신 각 대학으로 하여금 계속적인 성장과 개선을 위해 노력하도록 외적 척극을 주려는 의도에 있었다(Selden 1960, p.41).

그런데 아직도 고등교육 공동체 내부로부터 나오는 비판에 대하여는 언급하지 않았다. 미국 버팔로대(University of Buffalo) 사무처장 Samuel P. Capen은 1939년 각종 평가인정단체 대표자 회의에서 평가인정기구를 칠 악마(seven devils)에 비유하면서 다음과 같이 경고하였다.

미국의 대학들은 표준화시키는 기구들(역주: 평가인정기구를 지칭)에게 살아갈 수 있는 생명의 면허증을 내주었다. 그런데 대학의 지도자들이 이

기구들을 더 이상 살려둘 필요가 없다는 결정을 하기 위해 연합하는 때는 언제든지 이 기구들은 사라지게 될 것이다. 아마 내 생각에는 그날이 다가오는 것같이 생각된다(Selden 1960, p.3).

물론 평가인정기구는 Capen과 그의 경고를 모두 잊어버렸겠지만 이를 둘러싼 논쟁은 교육자들과 정부의 양면에서 계속 나오고 있다. 예를 들면 현지방문평가단은 대학들이 적극적인 자체평가를 하지 않는다고 종종 불평을 털어 놓는다. Semrow는 "성격상 평가라고 할 수 있는 자체연구(자체평가)는 하나의 규정이라기보다는 예외"(p.4)라고 주장한다. 그 이유는 분명하다. 만일 자체평가연구가 평가인정의 검토를 위한 기초 자료로 사용된다면 현지방문평가단에게 문제점을 눈감아 줘도 된다고 말하는 것은 최소한 대중을 당황하게 하고 우롱하는 결과가 되며 최악의 경우는 평가인정의 거부를 자초하는 결과가 된다. 이러한 비난을 모면하려면 현지방문평가단이 발현한 많은 사실을 비밀로 유지해야 하며 평가단의 평가보고서의 어떤 내용이라도 공개하느냐 않느냐의 결정은 각 대학에 맡겨야 할 것이다. 이렇게 되면 그 대학 교수는 물론이고 재학 중인 학생이나 장래의 학생을 포함한 대중들은 평가보고서에 담긴 그 대학의 심각한 결점과 결손조차도 전연 모르게 될 것이다.

미국 뉴저지 주 고등교육국장(Chancellor of Higher Education)인 T. Edward Hollander(1981)가 지적한 바와 같이 현지방문평가단의 보고서를 검토할 책임을 갖고 있는 지역평가인정기구는 "평가를 받고 판단결정을 받아야 할 대학들로부터 나온 교수들로 구성된다"(p.5). 이러한 상황 때문에 "대학통치의 기반을 무관심한 비전문인들의 감독하에 두는 원리"가 생기고 또 "어떤 다른 대학의 재평가를 다시 거부하기는 사실상 불가능하게 된다"(p.5).

미국 뉴잉글랜드학교평가인정기구의 연차대회 발표에서 Hollander는 "최종 평가보고서를 평가인정기구의 평가위원회에서 검토하도록 하는 내적 운영은 비밀로 지켜지지 않을 뿐만 아니라 제대로 검사도 못 한다"(p.5)고 계속해서 비판한다. 평가인정기구가 대학의 질 보장을 위하여 대중에게 의존하고 있다는 데 주목하면서 Hollander는 "비밀성, 폐쇄적인 구성원, 검증절차의 취약성으로 인해서 공공정책의 역할을 수행하는 방법으로는 받아들이기 어렵다"(p.5)고 결론을 내리고 있다.

John Folger(1976)도 자발적 평가인정과정에 대하여 비슷한 비판을 하고 있다. 즉 "이 자발적 평가인정에서는 평가표준의 설정 시에 대중을 무시하고 있으며, 부정한 학교들을 효과적으로 제거하지도 못하고 또 평균이나 평균 이상의 질을 갖춘 학교로 하여금 더욱 개선하도록 충분한 유인가를 주지 못한다(p.17)는 것이다. David Riesman(1980)도 평가인정기구를 비판한다. 특히 미국 내 우수학교에 대한 평가에 대하여 심각하게 비판한다. 현지 방문평가단은 평판 높은 학교로 계속 남아 있는지 알아내기 위해 많은 귀중한 시간을 낭비하고 있다"(p.329)고 주장한다. 그러나 만일 평가인정기구가 현지방문 평가단에 '폐물(junkateers)'과 '식객(freeloaders)'을 포함시키지 않는다면, 또 평가단을 훈련시키고 대학에 자체평가연구 지침을 제공한다면 모든 학교에 대한 평가인정의 과정은 크게 개선될 수 있을 것이라 Riesman은 믿고 있다.

평가인정의 과정이 원래의 실제 목적을 달성하기 위하여 구안된 것이냐에 대하여 Cohen(1974, p.315)을 비롯하여 다른 많은 비판이 있다. 기관의 형태, 구조, 과정을 조사해 가지고 그 기관의 질을 평가할 수 있을 것인가? 이러한 우려에 대하여 미국고등교육평가인정기구협의회(COPA)의 Kenneth Young과 Charles Chambers(1980)는 "기껏해야 질이란 포착하기 어려운 개념이고, 또 평가인정의 취약성이 수용가능한 질의 부족을 의미한다고 주장한 적은 한 번도 없다"(p.89)고 즉각적인 반응을 하였다.

그러나 대부분의 대중들은 완전히 평가인정을 받은 학교에 대해서보다도 평가인정을 받지 않은 학교의 질에 대하여 더 의문을 제기하는 것으로 생각된다. 사실상 대중이나 정부의 입장에서 학교가 적어도 최소한으로 요구되는 질 표준에 도달했는지 확실히 알아볼 수 있는 길은 평가인정밖에 없다. 앞에서 논의된 바와 같이 지역평가인정기구는 대학이 자체 목적을 달성할 수 있는 능력을 갖추었느냐에 근거하여 평가인정을 하고 있다. 그러나 Dressel(1976, p.278)이 지적한 것처럼 각 학교의 목표를 달성하고 있다는 것을 보여주는 충분한 증거를 확보하기는 매우 어렵기 때문에 이러한 결정을 하기는 극히 어려운 과제이다.

　Trout(1981, pp.49, 54~57)는 이보다 훨씬 더 강하게 비판하고 있다. 미국 내 여섯 개 지역의 평가인정 검토에 공통인 다섯 영역의 어디에도 평가인정의 표준이 교육의 질을 알 수 있는 증거가 된다는 믿을 만한 자료는 없다. (1) 질과 학교의 목표와의 관계성에 관하여 Trout는 학교의 목표와 질 사이에 어떤 관계가 있다는 단 두 연구 이외에 이를 뒷받침할 만한 어떤 연구도 발견할 수 없었다는 것이다. (2) 학문 프로그램은 학교의 사명과 일치해야 하고 또 이에 적절한 일반교육을 포함해야 한다는 표준에 대하여 학문 프로그램의 차와 학생의 성취도 사이의 관계를 나타내는 연구가 부족하다는 것도 발견하였다. 마찬가지로 Trout는 (3) 각 학교는 그 목표달성을 위해서 재정적인 안정성을 유지해야 한다는 표준을 지지할 만한 어떤 결론적인 증거도 발견하지 못하였다. 여기서 Trout는 Astin(1968)의 연구와 Rock과 Centra, Linn(1970)의 연구를 인용하고 있다. Astin의 연구에서는 학생 1인당 경비의 높고 낮음과 학생의 성취도와 상관관계가 있는 것으로 나타나지 않았다.

　후자들(Rock, Centra, Linn)의 연구에서는 학생의 성취도와 대학이 학생 1인으로부터 받는 돈의 액수 사이에 약간의 관계성이 있는 것으로 밝혀졌지만 성취도와 학생 1인당 경비 사이에는 상관관계가 없는 것으로 밝혀졌다. (4) 교수의 자질에 관한 표준에 관해서도 Trout는 교육의 질과 교수의 자질 사이의 관계성에 관한 서로 엇갈리는 연구결과를 발견하였다. 끝으로 (5) 도서관의 소장 도서의 차와 학생 성취도 사이에도 관계성이 없다는 Nichols(1964)와 Astin(1968), Rock와 Centra, Linn(1970)의 연구를 Trout는 인용하

고 있다. 이러한 연구결과를 종합해 보면 미국 지역평가인정기구의 표준들은
"약한 경험적 자료 근거"(p.57)에 바탕을 두고 있다는 결론을 내릴 수 있다.
만일 평가인정에서 학생 성취도나 산출을 학교의 질의 주요 지표를 포함시키
지 않는 한 평가인정은 의미가 없다고 Cohen(1974, p.316)은 Troutt의
주장의 일부분에 의견을 같이하고 있다.

그러나 평가인정의 과정이 아무리 완벽하다 할지라도 평가인정기구의 평가
의 정기적인 주기성(대개 10년 주기)으로 인하여 많은 심각한 학교 기관상
의 문제점들을 오랫동안 발견하지 못하게 하는 결과가 된다(Lierheimer
1979, p.14).

앞에서 언급해 온 것처럼 평가인정의 과정에 허점이 없는 것은 아니지만
평가인정기구는 일반적으로 고등교육기관을 위하여 사용할 수 있는 세금을
가지고 질 높은 생산을 하고 있다는 것을 확신할 만한 자료를 가지고 정부
관리나 대중을 설득할 수 있는 엄격한 평가과정을 밟지 못하는 것만큼은 사
실이다.

Ⅳ. 대학자율규제의 사례

고등교육 공동체들이 평가인정에 관한 문제를 의식하지 못하고 방치해 둔 것은 아니다. 1980년 가을에 미국의 14개 명문대학의 총장과 몇 개의 국가기관의 장들은 평가인정제의 위기에 처하여 COPA의 역할을 연구하기 위한 국가위원회를 구성하지 않는다면 COPA로부터 탈퇴하겠다고 위협하였다. 뒤이어 임명된 특별 배심원(panel)은 "학문공동체의 자율적 규제의 중요한 수단으로써, 또 고등교육의 질 평가와 질 향상의 중요한 수단으로 평가인정의 역할을 반영하도록"(Jacobson 1981) COPA의 새로운 방향 정립을 권고하였다.

그러나 만일 평가인정기구들이 학문적 질을 보장하지 못한다면 압박받고 있는 공공자금을 잘 사용하고 있다는 것을 누가 보증해 줄 수 있을 것인가? 각 대학들도 주어진 현재의 입장으로 보아 자신의 질의 수준을 믿고 있는 것 같지는 않다. 1982년 봄 John W. Minter와 Howard R. Bowen은 「Chronicle of Higher Education」이란 책에서 미국 고등교육의 조류에 관한 네 논문의 시리즈를 출판하였다. 그 시리즈의 세 번째 논문에서(1982. 5. 26.) 대학기관의 질의 문제를 다루었다. 교무처장과 학생처장을 대상으로 조사한 연구에서 조사 대상자들은 "교육의 엄격성과 질이 향상되고 있다"(p.8)고 반응하였다. 반응자의 1/3 이상은 학생의 성적평가가 더 엄격해졌다고 했으며,

1/2 이상은 안정된 상태에 있다고 생각하였다. 그리고 거의 1/3은 학문적 표준의 엄격성이 증가되었다고 보고했으며, 또, 1/2 이상은 안정된 상태에 있다고 생각하였다. 공립대학의 반응자 중 48%의 총장들은 전체의 학문적 조건에 있어서 자기 대학들이 "기반을 다져 가는" 것으로 느끼고 있었으며 (p.10), 공립 연구중심대학과 Ph. D 학위수여 대학총장의 72% 이상도 이와 비슷한 반응을 보였다. 공립대학 총장의 단지 11%만이 자기네 대학의 학문적 질이 떨어지고 있는 것으로 보았다. 사립대학에서는 62%의 총장들이 자기네 대학의 학문적 조건이 향상되고 있다고 느끼는 반면 단지 2%만이 떨어지고 있다는 것을 인정하였다.

여러 영역에서 박사학위 훈련을 받은 사람들 중에서 직장을 못 얻고 남아 있는 사람들 때문에 대학들이 교수진의 모습을 일신하는 기회를 갖게 된 것도 사실이지만 Minter와 Bowln이 조사한 행정가들의 낙관주의에 대처하려 한다는 경향도 있다. 다른 토론의 광장에서 특히 다음 해 예산을 입법화하는 과정에 주지사나 의회의원들이 개입될 때 총장들은 예산액의 실질적 증액 부족으로 교육의 질에 심각할 정도의 나쁜 영향을 주고 있다고 주장하였다.

Casey와 Harris(1979)에 의하면 표준화 검사점수의 하락과 성적 인플레이션, 보충프로그램의 확장 현상을 바라보고 있는 대중들은 "고등교육의 질이 심각하게 저하되었다"(p.6)고 분명히 믿고 있다. 또 어떤 사람들은 대학들이 학생 수 등록을 극대화하기 위하여 교육의 표준수준을 희생시켜 왔다고 우려를 나타내었다(Bogue 1980, p.72). 전 하버드대 교수이며 당시 인디애나주 고등교육국장이었던 George Weathersby(1978)는 이 문제를 아주 정확하게 진술하고 있다. 즉 "검사점수의 저하와 부적절한 교육과정의 채택, 거의 읽지 못하고 셈하지 못하는 졸업생들(이 모두는 비용의 증대를 요구하는 것들인데)을 보면 우리 학교 내부의 본질적인 학습에 대하여 의심하지 않을 수 없다"(p.21)는 것이다. 뿐만 아니라 연방정부 통계에 의하면 전일제 정규 교수에서 시간제 교수로 갑자기 바뀐 사람들이 고등교육의 교수요원의 약 1/3

을 이루고 있다(National Center for Educational Statistics 1980, p.106). 이러한 경향은 신문에 널리 보도된 사실인데(Maeroff 1980) 이로 인하여 학교의 질에 대하여 국민들이 신뢰를 갖지 못하게 되는 계기를 부채질 하였다. 이러한 대중들의 우려는 모든 학교의 1/3이 이미 "어느 정도 불건전한 상태"에 있고 나머지의 14.4%도 재정적으로 더 심각하게 악화되었다는 보고를 들을 때 절실해진다(Lapton, Argenblick, and Heyison 1976, p.23).

사태를 더 어렵게 만드는 것은 미국의 현재 투표할 수 있는 성인의 1/3만 이 공립학교에 자녀를 보내고 있다는 점이다(Hodgkinson 1979, p.129). 그래서 매스컴의 보도가 없더라도 이제 초등, 중등학교에서 학생 수가 줄어 들던 것이 이제는 대학에 이르게 되었다고 보통 사람들은 이해하고 있다. 카 네기 고등교육정책연구위원회(1980, pp.37, 45, 47)는 이를 극적으로 표 현하고 있다.

1977년까지 18세~24세 연령층은 23.2%로 1978년보다 적고, 대학 내 학부 인구는 15%로까지 줄어들 것이며, 1997년에는 1971년도의 학생인구 와 같게 될 것이다. 인구가 노령화함에 따라 또 전통적인 연령의 학생의 숫자 가 줄어듦에 따라(또 하락하는 표준에 대한 대중들의 우려와 함께) 교육과 고등교육에 대한 전통적인 지지는 줄어들고 대신 노인층에 대한 건강과 보조 에 대한 관심은 높아질 것이다(물론 우리 사회를 고등기술에 기반을 둔 사회 로 전환시키려는 국가적 절박감의 증대가 교육을 옛날의 높은 수준으로 되돌 려 주지 않는다면 그렇게 될 것이다. 만일 이렇게 된다면 정부도 국가가 요구 하는 수준에 맞추고자 하지 않을 수 없다. 이것은 정부의 관심이 아니라 최근 에 일고 있는 증대되는 정부의 무관심이며 고등교육에 대한 높은 위협에 영향 을 준다는 Marcus와 Hollander(1981, p.24)의 주장을 지지해 주는 것 이다).

1. 집행활동과 입법활동

책무성에 대한 증대되는 압력에 대하여 고등교육기관이 반응하는 것은 대부분 "근본적으로 방어적 아니면 부정적"(p.7)이라고 Casey와 Harris(1979)는 탄식한다. 우회적인 방법으로 "정당한 정부의 우려와 의문에 대하여 학교가 분명하게 또는 기꺼이 반응을 보여주지 못했기 때문에"(p.19) 캠퍼스에 대하여 입법부와 행정부가 더 관여하게 되었다. 책무성에 대한 관심의 증대로 졸업을 위한 최저능력 기준의 설정은 물론이고 업적예산제도와 업적감사, 현존 학문 프로그램과 새 학문 프로그램에 대한 주정부의 검토, 회계감사의 형태를 취하게 되었다고 주교육감회(Education Commission of the States, 1977, pp.11~14)는 지적하고 있다. 이러한 접근에 대한 비판자들은 이런 접근들이 학교의 존재가치의 핵심에 이르지 못하고 "측정하기 쉽고 해석하기 쉬운 것에만"(George and Braskamp 1978, p.351) 초점을 맞춘다고 생각한다. 이들 비판자들은 이러한 접근이 교육적 성공도 계량화할 수 있고 교육의 실재는 학생의 실재가 아니라 대학의 실재라는 가정에 근거한 것이라고 믿고 있다(Schotten and Knight 1977, p.382).

그렇지만 이러한 계량적 접근들은 증대되고 있으며 계획과 조정의 범위를 넘어서고 있다. 1970년에 프로그램의 효과성을 재는 평가는 이에 책임 있는 전임직원들을 확보할 만큼 그렇게 중요하다고 믿는 주의회는 하나도 없었다. 그런데 불과 4년 후에 12개 이상의 주에서 이런 평가목적으로 전임 직원을 채용하였다(Casey and Harris 1979, p.16). 17개 주에 대한 1975년에 실시한 연구에 의하면 대학의 학문 프로그램에 대한 행정부나 입법부의 감사를 11개 주에서 실시하였다(Bogue 1980, p.71). 주 감사관에 의한 대학 프로그램의 사후감사를 36개 주에서 실시하고 있었다. 2년 후 최소 20개 주의 의회가 프로그램 감사를 실시하고 있었다(Berdahl 1977, p.36). 뿐만 아니라 업적감사의 일부 활동이 네브라스카 주에서 시작되었다(Bogue 1980, p.79). 더구나 Peterson 등(1977, pp.3-4)은 6개 주에서 고등교육예산에서 산출 측정을 사용했으며, 워싱턴 시를 비롯하여 10개 주에서는 예산편성 과정의 한 부분으로 업적이라는 지수를 사용하려 하였다는 것을 밝혔다. 끝으로 미시시피 주, 노스캐롤라이나 주, 웨스트버지니아 주, 플로리다 주의 고등교육의 조정과 통치에 관한 의회의 연구가 1979년에 진행되었다.

이러한 정부활동에 대하여 학문기관으로부터 전연 저항이 없었던 것은 아니다. 예를 들면 1975년 국회감사국(Legislative Audit Bureau)이 위스콘신대를 감사하려고 하였을 때 이 대학 이사회는 프로그램 평가에 대한 법적 입장에 대하여 도전하였다. 이사회는 하나하나의 코스와 교수 구성원에 대한 평가를 하지 않은 채 프로그램의 질을 평가할 수 없다고 우려를 표명하였다. 이들은 국회감사국이 어떻게 대학 프로그램을 평가할 수 있는 능력(competence)을 가질 수 있느냐고 의문을 제기하였다. 대학이 제기하는 정치적 압력으로 평가의 초점을 프로그램 평가에서 하나의 관리심사로, 또 학문적 프로그램으로부터 대학에서의 계획과 평가의 과정으로 변경시키는 타협에 이르게 되었다(Berdahl 1977, pp.42, 47).

이와 비슷하게 아이다호 의회도 학문 프로그램 평가로부터 경영감사로 그 활동을 변경시켰다(Berdahl 1977, p.63). 다른 주에서는 이렇게 우세한 학문기관들을 갖지 못했다. 예를 들면 버지니아 주에서는 버지니아 지역사회 대학들에 대한 주의회의 감사가 확대되었다. 여기서는 일정한 산출의 측정을 각 학문 프로그램에 적용하고는 "공공자원에 불필요한 낭비가 있으며 좀 좋은 업적과 좋지 않은 업적이 혼합되어 있다"고 결론을 내렸다(Berdahl 1977, p.50). 프로그램을 바꾸기 위해 사용된 산출 측정에는 2년 내 졸업완료 비율, 상급대학에로의 진학의 비율과 용이성, 4년제 대학에서의 지역사회 대학 출신의 성적 평점과 졸업비율, 프로그램 경비, 교수의 생산성 등이 포함되었다. 직업 프로그램에서도 전학해 간 대학에서의 업적을 조사해 보는 대신 취업률과 교육과정의 취업에 대한 적절성을 조사하였다(Berdahl 1977, p.53).

이와 비슷한 경향으로 많은 다른 주에서 산출측정에 근거하여 예산결정을 하기 시작하였다. Peterson 등(1977)에 의하면 "자원이 산출(또는 영향)과 예산결정에 대한 정보를 전달하는 수단과 어떻게 관련되는지 밝혀주는 분석 절차"(p.3)는 물론이고 "산출비용, 영향비용, 투입산출비율을 원하는 직무수행 수준"(p.3)과 비교하는 일을 업적예산제의 특징 속에 포함시켰다. 또 업적측정 속에는 학위이수에 소요되는 수업경비, 학위수료에 걸리는 평균 시간 소요, 표준화 검사(입학에서 졸업 시까지)의 평균 향상 점수, 표준화 검사 평균점 향상에 드는 비용 등이 포함되었다. 더구나 입학생의 졸업률에 관한 자료들도 포함되었다(Peterson 등, 1977, pp.5, 7). 이리하여 Pingree, Murphy, Witherspoon(Berdahl 1977에서 인용)의 경고가 진실로 울리고 있다. 만일 고등교육이 엄격하게 그 활동을 평가하고 있다는 증거를 보여주지 못한다면, 또 유용한 평가보고서를 제공해 주지 못하고, 또 이 평가 인정에 따라 대학이 적정한 적응을 하고 있다는 사실을 증명하지 못한다면 "주의회는 아마 긍정적 결과를 보여주지 못하고 프로그램을 갑자기 줄이거나 아주 제거하는 등의 여러 가지 제약을 쉽게 시도하려 할 것이다"(p.38).

2. 주조정기구의 역할 증대

이러한 가능성은 확실히 주교육감회(여러 주교육위원회의 연합체)의 주고등교육의 책무성에 관한 임시특별위원회 구성원의 마음속에 있었다(1979, pp.4~5). 그런데 주교육감회는 주의 목표달성을 위하여 각 대학이 얼마나 진전해 나가고 있는지 정기적으로 검토하기 위한 절차를 각 주가 확립해야 한다고 권고한 바 있다. "평가인정제는 주에 대한 책무성으로부터 분리시키는 대학의 목적과 국가의 목적을 도와주고 있다"(p.5)는 점에 주목한다. 그래서 평가인정제는 주의 책무성 정책을 대신할 수 없다는 것이며 책무성 정책에는 평가 결과를 공표하는 일까지 포함하고 있다. "학교와 정부 사이에 어느 정도의 거리를 두기 위하여 주고등교육위원회를 설치하였기 때문에"(Marcus and Hollander 1981, p.26) 이 주고등교육위원회가 평가과정을 감독하는 것은 이치에 맞다. 주정부는 연방정부보다 각 대학에 인접해 있기 때문에 주의 조치가 연방정부의 관여보다 더 유익하다는 데 David Riesman(1980)도 동의하고 있다. 그러나 Riesman은 "각 주가 이러한 역할을 수행하는 데 똑같은 수준에 있지 못하다"(p.369)는 점을 우려하고 있다. 그런데 유일하게 의견을 달리하고 있는 Sloan위원회는 각 주는 모든 공립교육기관에 대하여 정기적인 질 검사를 해야 하고 이 질 검사를 재정예산 배분의 기초로 삼아야 한다는 데 의견을 같이한다. 이 Sloan위원회는 사립교육기관도 자발적으로 참여할 것을 촉구하고 있지만 위원의 한 사람인 North Carolina대 총장인 Willian Friday는 공공자금에 대한 책무를 다하기 위하여, 또 효과적인 주의 조정을 위해서도 사립교육기관도 주의 학문영역 프로그램 평가에 의무적으로 참여하지 않으면 안 된다고 하였다(Kaysen et al. 1980, pp.23, 26, 36~37). 주교육감회(The Education Commission of the States, 1977)도 Friday 총장의 견해에 찬동한다. 주정책과 사립고등교육에 관한 주교육감회 임시특별위원회는 "프로그램 중복의 질, 산출의 평가는 공립이나 사립이나 똑같이 적용되어야 하고"(p.17) 특히 주정부의 자금을 사용하는 경우에는 더욱 똑같이 적용해야 한다고 결론을 내렸다.

어떤 관점에서 보면 주의 조치 쪽으로 기우는 경향은 피할 길이 없는 것 같다. Barak와 Berdahl(1978, pp.2~4)도 대학은 "진지하게 그 우선순위에 따른 실현을 고려한 적도 별로 없고 전면적인 어떤 프로그램 평가도 한 적이 없다"(p.3)고 믿고 있다. 프로그램의 질은 교육과정과 교수, 도서관과 시설기구의 획득, 실험 등의 축소로 학생등록과 자금지원의 수준에 영향받아 프로그램의 질을 심각하게 해치고 있다고 거의 1,000여 명의 행정가들은 믿고 있다고 한 카네기 위원회의 Lyman Glenny 연구를 Barak와 Berdahl은 인용하고 있다. 그러나 이들의 논평은 단지 연구 대상의 3%만이 '광범한' 프로그램 축소나 통합을 하려 하였고 또 27%만이 '약간'

하였기 때문에 사실보다는 수사적 언어에 주로 근거를 두고 있다는 점이다. 자기들의 사례를 더 보강하기 위하여 Barak와 Berdahl은 미국 대학원교육위원회의 위촉으로 실시된 David Breneman의 연구를 지적하고 있다. 이 연구는 인문과 이학 학위 수령자의 취업시장이 줄어들고 있음에도 불구하고 "여러 대학원 프로그램의 목적과 목표를 재검토해야 한다는 압력을 받고 있는 대학원 교수진과 행정가들에게는 어떤 지도적 기미가 보이지 않고 있다"(p.4). 미국 남부지역교육위원회(1977, p.1)에 의하면 1970년대 제1차적으로 남부에 122개의 새로운 박사 프로그램이 설치되었는데 현존 프로그램의 질을 위협하고 Ph. D의 과잉공급을 위태롭게 하였다. "학문계획에는 질 높은 프로그램을 개발하고 비효과적이고 비생산적인 프로그램을 제거하려는 이중 목적하에 현존 프로그램을 검토하는 일이 포함되어야 한다"(p.3)는 결론을 얻은 것이다. Philip Marcus(1973)는 다음과 같은 이유로 대학의 환경 내에서 이런 일이 가능하다고 생각지 않았다.

> 코스를 프로그램으로 통합하고, 시간 걸리는 불화를 풀고, 입학허가나 도서관 위원회, 시간 스케줄과 같은 원하지 않는 일에 참여해야 하는 재미없는 잡무를 해내기 위하여 교수들 중에는 동료교수를 통제하지 않고 검사하지도 않고 이용가능한 보상과 시설을 다른 사람으로부터 뺏지 않으려는 생각이 일어난다(p.4).

이어서 미국 주조정원회(주조정위원회)와 기구들이 공백상태로 들어갔다. 1978년 미국대학협회(Association of American Colleges)가 실시한 주고등교육담당공무원을 대상으로 한 연구에 의하면 대학의 프로그램 평가(program review)를 자본경비, 학생등록 문제, 교수봉급과 같은 문제들보다도 더 우선하는 다섯 번째로 높은 우선순위(작년도에는 10번째의 우선순위였다)에 두는 것으로 밝혀졌다(Harcleroad 1980b, pp.16~17). 현존하는 학문 프로그램을 검토할 수 있도록 주조례로 규정하고 있는 주의 수가 미국에서 점점 불어나고 있다. 1979년 현재 11개 주가 검토하는 권위를 갖고 있으며, 다른 26개 기구들이 현행 프로그램을 계속하도록 인준하는 권위를 가지고 있다고 주교육감회(Education Commission of the States, 1980, pp.266~273)는 보고하였다. 더구나 미국 내 17개 주에서는 주교육위원회(State boards)로 하여금 주 내의 대학운영을 평가인정할 수 있도록 명문으로 규정해서 권위를 부여하고 있다(Hardleroad 1980a, p.1). 주 기관이 학문 프로그램을 검토, 평가하도록 하는 법적 기반은 다양하다. 어떤 주에서는 주조례에 의하여 권위가 부여된다. 예를 들면 뉴욕에서는 이 권위를 공공기관과 개별 독립기관에게 부여하고 있다. 또 다른 주, 예를 들면 뉴멕시코 주에서는 프로그램 평가가 예산을 다루는 예산당국자들이 실시하던 데서부터 발전해 왔다(Barak 1977, p.75).

  Barak와 Berdahl(1978a, p.55)은 약 20개의 주고등교육기구들이 프로그램 평가실시의 권위를 체계적 구성에 의존하고 있다는 사실을 발견하였다. 1976년에 남부 캘리포니아 주 기술종합교육위원회가 실시한 조사에 의하면 적어도 23개 주정부가 지역사회대학의 현행 프로그램에 대한 검토에 개입하고 있다는 것이다(Day and Bender 1976, pp.5, 24~25). 다른 주에서는 대학과의 조화를 위하여 주정부의 권위행사를 유보하고 있다. 뉴욕의 프로그램 검토 지도자들만은 그렇지 않다. 여기서만은 1973년에 이사회(board of regents)가 주 전체에 걸친 역사학과와 화학과의 박사 프로그램을 검토하고자 하는 노력으로부터 주의 개입이 시작되었다. 그래서 이사회가 프로그램 심사의 권위를 행사하는 것은 적절치 못하다고 주장하면서 뉴욕주립대(State University of New York)가 법적 소송을 제기하기에 이르렀다. 이러한 프로그램 심사의 과정으로 인하여 Yeshiva와 Adelphi, St. John's 대학의 화학과 프로그램과 SUNY-ALBANY대와 St. John's대 역사학과 프로그램을 승인 취소해야 한다고 권고하게 되었다. 뿐만 아니라 5개의 화학과 프로그램과 2개의 역사학과 프로그램에 대하여는 3년간의 수습(probations) 기간을 주었다. 1977년 주대법원(state's supreme court)은 이사회의 승소판결을 내렸다(Barak 1977, p.82~86). 그러나 뉴욕은 역사 프로그램과 화학 프로그램을 중지하지 않아 실제에 대한 논쟁은 사실상 진정되지 않았다.

이와 유사한 사건이 다른 곳에서도 일어났다. Bogue(1980, pp.73~78)는 테네씨 주, 루지애나 주, 워싱턴 주의 노력에 대하여도 보고한 바 있다. 테네씨 주 고등교육위원회는 여러 프로그램 중에 35개 프로그램을 중단하게 하는 '저 생산' 프로그램에 대하여 연구를 하였다. 또한 '업적의거자금배정 프로젝트(Performance Funding Project)'를 실시하게 되었는데 여기서 '평가결과가 좋으면 더 많은 자금배정을 한다'는 대학기관예산의 비례의 기준이 되는 20개 이상의 표준 평가도구를 사용하였다. 루지애나주이사회(Lonisiana Board of Regents)는 1975년에 모든 박사과정 프로그램을 심사하기 시작하였다. 4년 이상의 코스에 대하여 100개 프로그램을 심사해서 20개 프로그램을 중지시켰다. 1970년에서 1973년 사이에 워싱턴 주 중등 이후 교육협의회(Washington Council for Postsecondary Education)는 "고질적인 비생산성(chronic low productivity, p.77)이라는 이유로 50개의 프로그램을 제거하고 30개의 석사 프로그램과 4개의 박사 프로그램을 불필요한 이중 프로그램을 시정한다는 이유로 중지시켰다. 워싱턴 주에서 모든 대학원 프로그램을 1970년과 1977년 사이에 2회 심사했는데, Peterson 등은 주목하였다(1977, p.25). 또 워싱턴 주 중등 이후 교육협의회는 핵심이 없고 중복적인 학부 프로그램을 모두 심사할 계획을 진행하고 있다는 데에 대하여도 그들은 주목하였다.

Barak와 Berdahl(1978)은 주조정기관의 최근 10여 년에 걸쳐 책임 영역을 확대하게 됨에 따라 "고등교육의 조정과 기획에 있어서 프로그램 심사의 기능이 비교적 모호하던 상태에서 중요한 역할을 하는 입장으로 나타나게 되었다"(p.10)고 지적하였다. 학문 프로그램의 성과에 대한 재정적 영역을 넘어서 책무성에 대한 공무원들의 관심이 증대되고 있다고 믿는 사람들이 비단 주 조정기관들만은 아니다(Folger, 1977, p.91).

3. 주활동에 대한 여러 대안들

대학의 질에 대한 신뢰성을 증진시키기 위하여 안전교환위원회(Securities and Exchange Commisson : SEC)가 기업체와 산업체에 요구하는 것과 마찬가지로 고등교육에 대하여도 회계원칙과 감사기준이 적용되어야 한다고 Harcleroad와 Dickey(1975, pp.13~15, 19~20)는 제안하였다. 고등교육에 대한 이런 유사집단이 적합성(relevance), 검증가능성(venifiability), 편견의 배제(freedom from bias), 계량가능성(quantifiability)과 같은 요인들을 다루는 감사기준(standard)을 개발할 수 있을 것이다. 재정뿐만 아니라 교육산출도 감사에 포함시킬 수 있을 것이며, 회사의 연차보고서에 해당하는 유사한 보고서를 학교에서도 만들어낼 수 있을 것이다. 앞의 제안을 한 지 1년 후 Harcleroad(1976, p.18)는 이 감사적 접근을 지역평가인정제와 결합시킬 것을 다시 제안하였다. 이 안전교환위원회(SEC) 접근은 하나의 효과적인 대안으로 발전하지는 못했다. 여기에서 다음 두 이유를 생각해 볼 수 있다. 첫째, 지역평가인정기구들이 공공정책을 강요하려는 조치를 취하려는 마음이 내키지 않았다. 둘째, SEC에 해당하는 권력과 권위를 갖는 유사한 조직을 설립하면 학문기관 내에 상존하는 워싱턴에 대한 공포를 불러일으키게 된다. 그래서 학문의 수월성 보장의 책임은 아마 각 주에 떨어지게 될 것이다. 증대되는 정부의 역할에 대한 해답은 정부가 대학에 대하여 (1) "대학자체의 내부과정을 연구하고, (2) 대학의 기관적 자원을 보다 효율적으로 관리하고, (3) 대학의 업적이나 프로그램의 효과성에 대하여 다양하게 검토하는 지표에 대중들이 접할 수 있도록 하라"(Fincher 1978, p.64)는 증대되는 압력 속에서 찾을 수 있을 것이다. Smith(1980)가 지적한 것처럼 만일 대학이 주정부의 개입으로부터 벗어나게 된다면 아마 대학은 자체의 평가활동을 강화하지 않으면 안 될 것이다. Smith는 "책무성은 자유에 대한 대가"(p.57)라고 결론을 내렸다. 포착 가능한 여러 증거에 의하면 "대학에 대하여 책임을 부여하고 또 당해 주의 목표를 달성할 책무성을 갖게 함

으로써 대학의 다양성과 주의 교육목표 달성의 양자는 촉진될 수 있다"(p.1)
는 믿음을 갖게 된다고 주교육감회는 주장하고 있다(1979).

이런 활동이 일어나기 시작하고 있지만 양쪽에서 공평하게 일어나지는 않
고 있다. 120개 이상의 대학으로부터 80개의 각각 다른 학문영역에서 454명
대학원 학과장을 대상으로 조사한 Clark의 연구(1977, p.3)에 의하면(비록
이 조사 대상의 약 1/3 대학이 대학 외부기관의 평가를 요구받고 있기는 하지
만) 지난 3년 내에 약 2/3의 학과에서 학과자체의 자체평가연구(self-study)
를 실시하였다는 사실이 밝혀졌다. 미국 서부주고등교육협의회(Western
Interstate Council on Higher Education : WICHE)와 미국고등교육
관리체제센터(National Center for Higher Education Management
System : NCHEMS)의 요청으로 Engdahl과 Barak가 실시한 1980년
도의 연구(pp.123, 139, 145)도 이와 비슷한 고무적인 결과를 가져왔다.
이 14개 WICHE회원주내 494대학 중 193개 대학에 기관 프로그램 평가
절차를 실시하고 있다고 보고하였다. 특히 대규모의 4년제 공립대학들이 가
장 활동적인 평가 프로그램을 갖고 있는 경향이 있었다. 그런데 불행하게도
지역사회 대학에서는 이러한 대학 내 기관활동이 대개 보조금지급에 따라서
요구되는 사항으로 직업교육 프로그램에 한정되는 경향이 있다.

미국고등교육평가인정기구협의회(COPA)의 Young과 Chambers (1980)
는 "미국의 대학을 이 사회적 유인이라는 이유 때문(책무성, 소비자 정보)뿐
만 아니라 대학 자체의 목적(생존의 목적) 때문에 계속적인 자체평가의 과정
을 갖지 않으면 안 되는"(p.98) 시대에 접어든 것으로 보고 있다. 그러나
Casey와 Harris(1979, p.24)가 지적한 것처럼 학문기관들이 내적 자기
비판을 위하여 진지하게 도전하지 않는다면 학문적 영토라 할지라도 자기규
제에 의존하라는 정부의 보호를 받을 수는 없을 것이다. 또한 아마 자기비판
을 위해서도 엄격한 외부(동요) 평가자의 평가대상이 될 필요가 있으며, 대
학 내 기관평가보고서와 자문자의 평가보고서의 어떤 부분에 대하여는 대중
들로 하여금 알 수 있도록 공표할 필요가 있다. 그런데 이러한 검토와 심사의

책임은 대학기관으로 하여금 그 대학의 교육목표를 달성할 수 있도록 조치하는 일관된 지도력을 발휘하고 일정한 방향감을 제공하는 대학이사회(board of trustees)에 있다고 Russell(1978, pp.521~522)은 말한다. 이렇게 되면 "대학은 비로소 대학자체의 운명을 통제하기 시작"(p.522)할 수 있게 된다.

미국 뉴저지주고등교육위원회(New Jersey Board of Higher Education, 1981)는 "대학기관이 강조해야 할 점은 현행 학문 프로그램에 대한 정기적인 평가절차를 형성하고 실시하여 프로그램의 질을 유지하고 개선시키는 방향으로 전환해야 한다"(p.97)고 명백히 함으로써 최근의 "주고등교육계획(Statewide Plan for Higher Education)"에서 이 영역에 뛰어들기 시작하였다. "학문의 자유"와 "대학의 자율성"이란 말과 관련된 민감성 때문에 주고등교육위원회는 "평가절차의 형성과 평가의 실시와 개선 권고 사항의 실천에 대한 책임은 해당 대학에 있다"(p.99)고 표현하였다. 그런데도 불구하고 학생들을 잘 교육하고 있다는 보장을 하기 위하여 각 대학은 학부의 교육과정과 필수적인 시험 요구사항을 정기적으로 평가하는 절차를 개발"(p.97)하도록 요청하였다. 더구나 이 요구사항에서 대학은 "프로그램의 모든 중요한 측면을 모두 평가"하고, "적절한 프로그램의 결과를 산출하고 있다는 측면에서 평가하고, 또 교육의 질을 지향하고 있다는 측면"에 초점을 맞추고, "필요할 때는 개선을 위한 구체적인 권고"(p.98)를 포함하여 강점과 약점을 동시에 밝히는 평가과정을 적용하기를 기대하고 있다. 끝으로 주고등교육위원회는 평가보고서를 제출하는 것으로 그치는 게 아니라 "대학 총장을 임명하고 대학 이사회와 같은 통치기구를 형성"(p.99)하기까지 하였다. 이러한 주고등교육위원회의 주도적 조치에 대한 대학의 반응은 예산권고안을 만들어 이사회의 예산위원회에 반영하였다.

그래서 뉴저지 주에서는 주조정위원회가 각 대학과 함께 대학기관의 질과 현행 프로그램에 대한 평가에 책임을 같이 지려고 노력하였다. 이러한 뉴저지 주의 접근은 인근 북쪽의 뉴욕과 똑같은 길을 택한 것이 아니다. 뉴욕은 앞에서 언급한 것처럼 학문 영역별로 주 전역에 걸친 프로그램 평가를 실시하였던 것이다. 만일 뉴저지 주가 의도한 결과를 얻지 못하였다면 다른 주나 기관들은 아마 뉴욕 시의 모형을 따를 것으로 기대할 수 있다. 말할 것도 없이 여러 대학들은 학문의 자유와 대학의 자율성을 덜 침해하고 덜 위협적인 전자의 접근을 환영할 것임에 틀림없다.

V. 자체평가를 통한 학문의 질 보장

앞에서 지금까지 논의한 것처럼 대학학위의 계속적인 가치에 대하여 관심을 갖는 정부와 대중 그리고 교육자들은 각 대학들이 제공하는 교육의 질에 관하여 보다 높은 책무성을 보여줘야 한다고 외치고 있다. 소련의 스푸트니크 충격에 따른 미국 고등교육의 팽창 당시의 책무성이란 말의 의미와 오늘날의 의미에는 약간의 차이가 있다. 당시의 대학은 그전보다 상당히 빠른 속도로 새로운 자금을 받고, 새로운 학생을 받아들여야 하고, 새로운 학과를 설치하게 되고, 새로운 건물을 건설해야 했다. 그 시대에 각 대학은 이러한 팽창을 관리하고 최대의 교육적 이득을 얻을 수 있도록 채택해야 할 책무성을 갖게 되었다.

훌륭한 학문계획체제에는 수많은 행정과 교수에 대한 검토와 확인이 포함된다. 이러한 계획체제에는 대학의 역사적 업적분석과 현재 대학이 제공하고 있는 프로그램에 대한 조사목록이 중심으로 차지하게 된다. 대학의 사명과 목표를 명확히 하는 데 요구되는 과정의 한 부분으로 미래사회의 요구를 예측해야 하고 또 예상되는 요구와 현행 프로그램 사이의 차를 좁히기 위하여 장기 목표를 세워야 한다. 대학의 기관적 변화전략을 세워야 한다. 구체적 계획을 도출해 내고 교직원을 동기 유발시키고 새로운 목표 달성에 초점을 맞춰 예산을 편성한다. 끝으로 실천과정을 치밀하게 확인하고 필요한 때에는 목표와 계획 설계를 수정하게 된다(Sizer 1979, pp.52~53; Berquist and Shoemaker 1976, pp.3~4).

그러나 각 대학의 계획에 똑같은 새로운 프로그램이 추가되고 똑같은 일반적 방향이 분명하게 정해지기 시작하면서 책무성이 단지 효과적인 계획과정만 갖는 것으로 그치지 않고 그 이상을 대학에 요구하게 되었다. 공공자금이 점점 줄어들게 됨에 따라 공무원들은 점점 더 중앙계획이 필요하다는 입장을 취하게 되고 따라서 대학기관의 책무성에 대한 관점을 산출에 대한 평가를 요구하는 것으로 보게 되었다. 말할 것도 없이 고등교육은 사회에 대하여 많은 이득을 주는 것으로 생각할 수 있다. 즉 대학은 새로운 지식과 기술을 창조하고, 교육받은 고등인력을 제공해 주고, 수입을 증가시키고(그리고 이로 인하여 범죄를 줄이고 복지사업을 줄일 수 있게 하며), 사회생활, 정치생활, 문화생활의 질을 향상시키고, 태도와 가치를 계도하는 목적을 갖고 있다(Dressel 1976, p.76). 그런데 대학이 적절한 교육을 제공하기 위한 계획을 갖고 있느냐에 문제가 있는 것이 아니라 실제로 계획된 목표를 달성하고 있느냐에 의문이 제기된다.

1. 평가의 접근

이러한 문제와 의문에 대한 대답을 찾기 위해서는 각 대학이 효과적인 평가체제를 갖고 있어야 한다. 특히 프로그램의 질에 초점을 맞춘 평가체제를 갖추어야 한다. 재정적인 회계감사나 조사성격의 연구, 비용-효과와 손익분석 등과 같은 접근들은 중요한 공공적 책무성을 밝히는 측정방법이기는 하지만 여기서 요구하는 평가방법으로는 충분치 못하다(Kelly and Johnston 1980, pp.59~60). 마찬가지로 단지 교수의 개인적 자질과 능력을 보증함으로써 그 프로그램이 효과적이라는 판단을 내리기는 어렵다(또, 역으로 생각할 수도 있다. Fincher

1973, p.15). Cronbach(1980)는 '평가(evaluation)'란 용어를 "현 프로그램에 일어나는, 그리고 현 프로그램의 결과로 생기는 일에 대한 체계적인 검사(examination)-이 프로그램과 같은 일반적인 목적을 갖고 있는 다른 프로그램을 개선하는 데 도움을 얻기 위하여 실시하는 검사"(p.14)라고 정의하였다.

이러한 평가활동이 학자들의 전문성 범위 내에서 연구 질문을 찾을 수 있는 학자들의 능력범위에 들어 있겠지만 때로는 곤란이 따르는 과제로 밝혀지기도 한다. Kells(1981)는 이를 이렇게 표현하고 있다.

> 대학 캠퍼스 지도자들이나 다른 전문가들-적어도 평가의 노력에 봉사하도록 뽑힌 사람들-그 누구도 이 평가를 위한 과제를 어떻게 해나가야 할 것인지에 대하여 명확한 감각을 갖지 못했다. 이들은 두 집단 모두 노력의 기반으로 끌어낼 수 있는 유용한 이론도 모형도 갖고 있지 못했고 그렇다고 이해할 만한 수준의 기술적 전문성을 갖고 있는 것 같지도 않았다. 이들은 하나의 평가체제를 찾아 헤매지 않을 수 없었다(p.19).

(장학금지원 프로그램, 시설유지 프로그램, 식당 프로그램 등의 효과성과 같은 대학의 기관적 노력은 쉽게 평가1)할 수 있기 때문에 Kells는 학문발전 프로그램과 다른 학생발전 프로그램의 평가에 특별히 언급한 것이 아니냐고 의심하지 않을 수 없다).

10여 년 전에 파이 델타 카파 평가연구위원회(Phi Delta Kappa Study Committee on Evaluation)가 "평가는 성숙된 이론과 방법론을 근거로 하여 운영되고 모두에게 분명한 이익을 주는 건전한 과학(health science)이 못 된다"(Fincher 1973, p.8)고 결론을 맺게 되기까지 혼동이 있었다. 이들은 평가를 "결정의 대안을 판단하는 데 유용한 정보의 윤곽을 정하고 획

---

1) Fincher(1978, p.69)에 의하면 '프로그램 심사(program review)'란 말은 흔히 주정부기관이 주도하는 학문 프로그램의 검토를 의미하고, '프로그램 평가(program assessment)'란 말은 대학 캠퍼스 수준에서 주도하고 취하는 학문 프로그램의 검토를 의미할 때 사용된다고 구별하였다. 여기서 두 용어의 사용은 이러한 입장을 견지한다.

득하고 제공하는 과정"(Fincher 1973, p.8)으로 정의함으로써 평가에 대하여 의사결정지향적 접근을 하여 이러한 혼동상태에서 어떤 질서를 잡으려고 하였다.

평가의 목적을 의사결정의 수단이라는 데에 초점을 맞추려는 이들의 제안은 널리 받아들여졌다. "교육평가백과사전(Encyclopedia of Educational Evaluation, Anderson and Associates 1975, pp.136~140)도 "교육 프로그램이나 훈련 프로그램의 제1차적 평가목적은 프로그램에 관한 결정을 위한 정보를 제공하려는 것"(p.136)이라 하였다. 여기서 이러한 결정은 장기적 목표와 단기적 목표에 근거해야 하고 또 적절하다면 프로그램의 중단을 위해서 뿐만 아니라 프로그램의 개선을 위해서 유용한 것이어야 한다. Kelly와 Johnston(1980, p.60)은 평가활동의 기초는 프로그램 목표가 가장 효과적 효율적인 방법으로 추진되고 있다는 보장을 하기 위해서 뿐만 아니라 프로그램의 중복인가 또 비생산적 프로그램인가에 관한 결정을 하는 데 유용한 정보를 제공하려는 것이라고 진술하고 있다. 학문평가활동을 하고 있는 기관에서는 대학기관이 기획과 예산결정을 위한 근거로 이런 정보를 활용하고 있다(Engdahl and Barak 1980, p.147).

Dressel(1976, pp.313~315)은 교육과정에 대한 평가노력을 약간 더 구체적으로 나누어서 보고 있다. 즉 (1) 프로그램 목표의 역사적 철학적 타당성을 찾고, (2) 프로그램의 이론적 근거와 요망되는 산출 사이의 위치를 결정하고자 해야 하고, (3) 질의 지표를 검토해야 하고, (4) 학생에 대한 사회적 의식을 증대 시정하고자 해야 한다는 것이다.

그러나 의사결정에 강조점을 두다 보면 예기치 않은 부작용을 낳기 쉽다고 Romney와 Bogen, Micek(1979)는 경계하는데, 이들은 "주어진 일단의 측정 가능한 기관목표의 달성에만 집착한 눈은 변화와 선택대안, 행동방향의 변경만 고집하게 되어"(p.83) 대학을 더 경직되게 만들기 쉽다고 걱정한다. 이에 대하여 Kells는 평가노력의 효과는 대개 이를 추진하는 동기요인이라고 되받는다. 이러한 Kells의 주장으로부터 어떤 사람은 인간지

향접근의 평가는 책무성 측정으로 생기는 함정을 극복할 수 있다는 결론을 도출할 수 있을 것이다. Baugher(1981, p.102)는 한 발짝 앞지른다. 기관의 장기적인 건강과 생존은 현존문제를 발현하여 해결하기 위한 평가자료의 활용에 전적으로 의존하지 않으면 안 된다고 교직원을 확신시키는 일이 중요하다고 Baugher는 믿는다. 이러한 강요된 고려를 충분히 확대시킬 수 있다. 그중에는 모든 대학 모든 프로그램마다 존재하는 핵심 교수가 참여할 수도 있고, 측정 가능한 목표, 아마 사소한 목표로부터 보다 더 큰 목표로 초점을 옮길 수도 있을 것이며, 학문의 수월성을 위하여 정의하기 어려운 부분을 추구할 수도 있을 것이다.

그러나 이런 단계를 뛰어넘어 파이 델타 카파와 다른 사람들이 말한 것처럼 평가가 '건전과학(healthy science)'이 되려면 고상한 목적만 내걸어서는 안 될 것이다. 보다 더 견고한 이론적 방법론적 체계를 필요로 한다. 예를 들면 "평가는 교육의 바로 그 핵심을 다룬다"(p.9)고 Paul Dressel(1976, pp.8~9)이 믿고 있는 것만큼 그렇게 많은 노력을 기울이지 못했다. 평가해야 할 프로그램의 가치를 확인하고 검토하는 데서부터 출발해야 한다. 다음은 프로그램의 목적과 목표(goals, objectives, purposes)를 설정하거나 명백히 하는 일을 해야 한다. 이들 목표를 향해서 제대로 나아가고 있는지 측정하기 위한 일단의 기준(criteria)에 대하여 합의가 이루어져야 한다. 그리고는 필요한 적절한 자료를 수집하고 분석해야 한다. 도달해야 할 목표의 정도를 결정해야 한다. 하나의 확인사항으로 그 프로그램에 속해 있는 학생의 경험과 프로그램의 산출 사이의 관계를 밝히려고 노력해야 한다. 예를 들면 졸업생에게 비판적 사고력을 향상시키려는 데 주로 프로그램의 목적을 두었다면, 또 실지로 졸업생들이 프로그램에 들어올 때보다 졸업할 때 더 비판적 사고를 한다면 이러한 변화는 프로그램의 주요 코스에서 학생들이 경험한 결과인가? 아니면 이 대학이 요구했던 일반교육의 결과인가? 마찬가지로 평가에서는 프로그램의 계획하지 않은 바라지 않는 부작용도 확인해 내야 한다. 평가라는 말의 의미대로 평가에서는 최소한 변화에 대한 권고를 할 수 있어야 하고, 또는 프로그램을 중지할 것을 권고하기까지 하거나, 더 이상 필요치 않거나 보완할 수 없는 프로그램은 중지를 권고하기까지 해야 한다. 끝으로 수정한 프로그램도 계속해서 평가하고 또 평가과정에 대하여도 계속해서 검토하는 일이 효과적인 평가체제 속에는 포함되어야 한다. Semrow(1977, pp.15~16)는 보다 더 구체적인 체제를 말해 주고 있다. 첫째, 목적과 목표의 명료화, 둘째, 목표달성에 필요한 자원조사, 셋째, 목표도달을 위한 여러 대안 조사, 넷째, 있을 수 있는 문제의 예상, 다섯째, 최선안의 선택, 여섯째, 대안에 따른 계획의 개발과 실행, 마지막으로 과정에 대한 비판과 권고안에 대한 추적의 일곱을 제시하고 있다. 이 평가분야를 연구하고 있는 대부분의 사람들은 모든 상황에 알맞은 유일한 평가접근이나 평가방법에 대한 접근은 없다고 믿고 있다.

Gardner(1977, pp.573~574, 576, 578, 581, 583)는 평가활동의 기반이 되는 다섯 전제를 제시하고 있다. 첫째, 전문적 판단으로서의 평가이다. 이는 프로그램 가치는 해당 분야 전문가만이 최선의 결정을 할 수 있다는 믿음에 기반을 두고 있다. 두 번째 전제는 측정으로서의 평가이다. 프로그램이 의도한 것은 평가될 수 있고 또 평가도구는 찾아내거나 개발해 낼 수 있다는 가정에 근거하고 있다. 셋째는 목표와 업적(performance) 사이의 통신으로서의 평가이다. 상대적인 성공이나 실패냐에 관한 판단은 프로그램이 시도하고 있는 것에 의해서 해야 한다는 것을 이 접근에서는 인정한다. 넷째는 의사결정지향의 평가이다. 이 접근은 이 장의 앞에서 이미 논의된 신념에 기초를 두고 있다. 다섯째는 목표배제적(goal-free) 또는 반응적 평가이다. 이 접근은 앞의 평가의 세 번째 전제의 반대 입장이다. 이 접근은 진술해 놓은 목표에 초점을 둔 평가가 아니라 산출에만 관심을 두는 평가이다.

평가는 형성평가(formative)가 되거나 아니면 총괄평가(summartive)가 될 것이다(Fincher 1973, p.7). 형성평가는 극복해야 할 프로그램의 약점을 밝히고자 하며 동시에 상당히 강조하고 있는 강점을 찾아내고자 한

다. 이는 프로그램의 효과성과 운영을 개선하려는 의도이므로 발전지향적
(Developmental)이다. 총괄평가는 프로그램의 가치에 관한 결론을 도출
하고자 한다. 프로그램을 계속할 것이냐 아니면 중단하라고 할 것인가와 관
련된 자료를 제공하는 데 강조점을 둔다. 그렇다면 자기 규제(자율)를 증진
시키는 프로그램 평가의 종류는 양접근의 요소들이 일치해야 할 것이다. 즉
이상적으로 평가에 의하여 프로그램을 강하게 만들 수 있겠지만 평가의 과
정에서는 대부분의 적절한 결정이라고 한다면 프로그램의 중단으로 밝혀져
야 할 것이다.

또 다른 측면에서 보면 평가는 또한 과정(process) 지향적이거나 아니면 산
출(outcome) 지향적이라 할 수 있다. Dressel(1976, p.16)에 의하면 과정
평가(process evaluation)는 프로그램이 운영되고 있는 방법(manner)에
초점을 맞춘다. 여기서는 역기능적 절차나 절차의 비효과적인 적용사항을 밝
혀내고, 내부의 의사소통 통로가 적절한지 조사하고, 자원을 효율적으로 활
용하는지 조사한다. 이 과정평가활동은 절차를 보다 더 효과적으로 만들기
위하여 프로그램의 과정적 측면의 변화에 대하여 권고하는 일에 이르게 된다.
산출평가(outcome evaluation)는 프로그램의 실제효과에 초점을 맞춘다.
여기서는 프로그램의 목표와 실제 달성정탁 사이의 일치도를 조사한다〔어떤
사람은 이 요소를 "부일치평가(discrepancy evaluation, Anderson and
Associates 1975, pp.127~129)"라고 부른다〕. 산출평가는 또한 의도하
지 않은 결과와 그 원인을 밝혀낸다. 이러한 산출평가의 특성 때문에 프로그
램이 의도한 목표를 실현할 수 있는 가능성을 높이기 위하여 운영전략의 수
정을 허용한다(Dressel 1976, p.16). 학문 프로그램에 대한 산출평가와
관련하여 Bowen(1980, p.38)은 몇 가지를 생각하도록 촉구해 준다. 이러
한 평가노력의 중요한 점은 개인적 발전 지향이지 자원활용 지향이 아니며,
모든 교육목표를 검토해야 쉽게 검사할 수 있는 목표만을 검토해서는 안 되
며, 프로그램에 속한 학생이 성취하는 궁극적 수준보다 프로그램 내 학생들
의 성장수준을 가장 중시한다는 것이다. 그래서 효과적인 프로그램 평가는

과정지향과 산출지향의 양면을 포함해야 한다.

　이외에도 평가에는 여러 가지 다른 접근들이 있지만 평가의 특성에 맞는 것으로 교육의 책무성을 보장하는 최선의 접근은 학문 프로그램에 업적목표(performance objectives)를 사용한 것이다. 이러한 접근에서는 반드시 코스의 목표를 조심스럽게 설정하고, 알맞은 학습기술이 무엇인지 구체화하고, 적절한 숙달(mastery)의 정도를 재는 지표를 어떻게 측정할 것인가를 결정해야 한다. 만일 표준(standards)이 충분히 높게 나타났다면 이 대학은 책무성을 다하고 있다는 것을 보여주는 셈이다. 또 만일 학생들이 목표에 도달하고 있다면 역시 학생과 그 학생을 지도하는 교수들은 자기들의 책무성을 다하고 있다는 것을 보여준 셈이다(Blake and Slapar 1972, pp.5~8). "훌륭한 교수(teacher)는 자기가 지도한 학생의 60%를 실패하게 하지 않는 교사이고, 학생들이 코스를 마쳤을 때 90%의 학생이 목표했던 일을 해낼 수 있다고 말하는 교사"(p.82)라는 믿음을 Hobson(1974)은 인용한다. 많은 사람들이 Hobson의 주장에 동의하지만 업적목표 접근이 이러한 결과의 획득이나 책무성 증진을 위한 최선의 방법이라는 데 그렇게 많은 사람들이 동의하지는 않는다. 특히 비판적 사고력을 개발하거나 교육활동의 핵심이 예술성을 창조하는 그런 영역에서는 더욱 업적목표 접근이 최선의 방법은 못 된다. 그렇지만 업적목표 접근은 특히 직업교육 프로그램에 평가적 적용을 하기 때문에 하나의 책무성 측정으로 언급될 수 있다.

　대학을 평가하기 위하여 어떤 접근을 하든지 평가(assessment)는 "인간 판단의 신뢰성(credibility of human judgment)"(p.75)의 의미 있는 부분에 근거한다고 Kelly와 Johnston(1980)은 상기시켜 준다. 그렇다 하더라도 평가는 이론적으로 방법론적으로 건전하지 않으면 안 된다.

2. 프로그램 평가(Review) 참여자

Braskamp(1982)는 다음과 같이 하여 대학의 자체평가체의 신뢰성을 유지하는 일이 중요하다고 강조하였다.

> 사람들의 가치적 관심을 받아들이고 또 상호존중의 문제해결 관계성, 즉 평가에 이어지는 정책결정과 프로그램 계획, 프로그램 실행을 촉진하고 추진하는 신뢰로운 관계성을 확립하기 위하여 계속적으로 다양한 많은 사람들이 참여해야 한다(p.64).

어디서나 교수들은 학과나 프로그램의 평가가 자원과 자금을 재배정하기 위한 편리한 기제(mechanisma)로 쓸 수 있는지에 대하여 관심을 갖는다. 그러나 Smock와 Hake(1977)는 자신들의 경험에 근거하여 내적 평가를 철저히, 완전히, 또 책임 있게 한다면 이러한 우려는 비교적 하나의 기우에 불과하다고 말한다. 이들의 관점에서 보면 "질 향상을 위한 평가가 다른 데에 더 잘 쓸 수 있는 의미 있는 액수의 돈을 다 쓰지 못하고 있으며", 또 "자체 평가를 통해서 나타난 필요(needs)한 부분을 충족시키기 위한 특별자금을 배정하는 결과를 가져올 수 있다"(p.10). 그렇지만 Dressel(1976)도 인정하는 것처럼 자율규제 활동에 문제가 될 수 있는 인적 요인이 항상 있을 가능성이 있다. 즉 "현재의 단위(대학전체 또는 학과, 프로그램)에 대한 평가는 평가에 포함되는 사람들에게 항상 하나의 위협이 된다"(p.408). "어떤 교육상황도 이상적이었던 때도 없었고 또 이상적일 가능성도 없기 때문에"(p.5) 이것은 특히 사실이 아닐 수 없다. 우리는 모든 프로그램의 어떤 측면에서는 허점을 찾아낼 수 있다. 이런 허점을 과장하기 쉽고, 또 이 허점이 자원배정에 관한 결정을 할 때 부정적 요인으로 작용할 수도 있다. 그래서 "프로그램에 참여하는 사람과 함께(with) 또는 참여하는 사람을 위하여(for) 평가가 이루어진다면 이들은 평가를 대상(to)으로 수용한다"(p.5)고 Dressesl은 믿고 있다. 그렇다면 이러한 주장은 평가에 의하여 가장 직접적으로 영향받는 사람들—만일 평가대상이 학과라면 학과를 구성하는 교수들—을 평가과정에 참여시켜야 한다는 결론이 된다.

그러나 Heldman(1976, pp.8~9)은 교수들만으로 자기들 자신의 프로그램을 정확하게 평가하기는 어렵다고 하면서 많은 행정가들에 대한 관심을 표명하였다. 미국 네브라스카 주 링컨에 있는 University of Nebraska는 다음 여러 사람을 포함하는 위원회를 가지고 있다고 Braskamp(1982)는 보고하였다.

> 3년 주기로 평가단위의 합의된 목표를 향해서 얼마나 진척되어 가고 있는지 대학교 내외의 교수들, 교무 행정가, 대학이사, 학생, 주의회의원, 주지사 대리자로 구성되는 평가위원회를 활용한다(p.63).

Braskamp의 관점에서 보면 다양한 참여자 때문에 이 평가체제는 프로그램의 질을 보장하는 데 도움이 될 뿐만 아니라 "대학교와 주정부 사이의 직접적인 의사소통을 할 수 있게 함으로써 대학교에 대한 신뢰성을 증진시키고, 장·단기계획을 발전시키는 데도 도움이 된다"(p.63).

그러나 일반적으로 대학기관은 보다 더 내부지향적이다. 많은 대학에서는 해당 프로그램의 교수는 어느 정도 참여시키지만 교무담당 행정가와 다른 학과 교수에게까지는 위원회 구성원으로 개방해 두는 그런 평가위원회를 만든다(Engdahl and Barak 1980, p.125). 흔히 그 프로그램의 교수들만으로 구성하는 하위집단(subgroup)은 자체연구위원회(self-study committee)로 일을 한다. (자체연구접근과 평가절차에 대하여는 다음 3절에서 좀더 자세히 다루어질 것이다.) 자체평가연구의 객관성을 높이기 위하여 "평가 연구할 문제에 대하여 강한 신념이나 공개적인 확신을 보여주는"(p.283) 교수를 자체평가연구집단에 포함시키는 것은 일반적으로 현명하지 못하다고 Dressel(1971)은 주의를 환기시킨다. 해당 프로그램에서 존경받는 사람을 위원회에 참여시키는 것이 가장 중요하다고 Dressel은 믿는다.

미국 어바나 샴페인 University of Illinois에서는 대학 내 평가위원회 (institutionwide assessment council)(상위평가집단)는 잘 알려지고 그의 신빙(뢰)성을 널리 받아들이는 원로학자들 중에서 구성원을 뽑고 있다"(p.69)는 사실을 성공적인 노력이라고 Smock와 Hake(1977)는 높이 평가하고 있다.

끝으로 만일 평가위원회 위원장이 이 평가과정에서 지도력을 발휘한 것에 근거하여 대학 내에 명성이나 평판을 높이고자 하는 사람이라면 신뢰성이나 다른 데에 문제가 있을 수 있다는 점을 Dressel(1971)은 걱정한다. 그래서 "이미 잘 알려진 경력을 갖고 있는 인정받는 인물"(p.283)이 자체평가연구위원회 위원장이 되면 평가과정은 잘 이루어질 것이다.

평가과정의 적절한 객관성의 수준을 보장하기 위한 하나의 수단으로서 많은 대학들이 외부 자문가를 활용하는 그런 활동을 하고 있다. 이 외부 자문가들은 학과 활동에 관하여 신선한 관점을 제시해 주는 그 가치 이상으로 유용하고 또 "평가의 산출에 대하여 어떤 치우친 생각(vested interest)을 가지고 있지 않기 때문에"(p.45) 정부의 관심을 올바르게 볼 수 있는 질 높은 판단을 제일 잘할 수 있다.

한 대학은 매년 대학 내 프로그램의 1/5~1/3 정도를 평가하기 때문에 대학을 위한 자문가는 충분히 있을 것이다. 지금과 같이 예산상 압박을 받고 있는 속에서 프로그램당 평균 500달러가 드는 이러한 외부 자문가의 비용을 걱정하지 않을 수 없다(Engdahal and Barak 1980, p.125). 그러나 평가에서 자체평가적 측면만은 외부 자문가를 위해서 비용을 들일 가치는 충분히 있다.

비용 이외에도 외부 자문가의 활용에 대하여는 몇 가지 문제가 있다. 외부 자문가는 대학 내 다른 학과 교수들보다 프로그램과 그 상황과 배경을 설명하여 이해시키는 데 오랜 시간이 걸린다. 또한 외부 자문가와 같이 일하는 관계가 제대로 형성되지 않아 프로그램 내 교수들은 외부인을 불신하기 쉽다. 그러나 선발된 사람은 프로그램에 대하여 이미 알고 있는 편견이 없고, 프로그램 평가의 경험을 갖고 있기 때문에 외부 평가자와 계약을 맺어 자문을 받는 이익은 충분히 보상받고도 남을 만하다(Miller 1979, pp.272~273). 이런 외부 전문가 활용의 접근을 하면 당해 프로그램 교수가 하고 있는 진행 중인 책임을 최소한으로 방해하고, 외부 자문가가 가져오는 대학 프로그램의 목표와 접근을 자기 대학의 프로그램과 교접할 수 있는 기회를 제공해 준다.

Wise(1980, pp.13~15)는 외부 자문가들이 다음 네 역할을 하는 것으로 보고 있다. 첫째 하나의 과학자(scientist)로서 프로그램이 학생들에게 어떻게 변경되어 적용되고 있는지 그 원인을 검증하여 프로그램의 효과를 연구한다. 둘째, 자문가는 필요한 결정을 내리기 위하여 프로그램 요구에 관한 정보를 수집한다. 셋째, 평가자는 프로그램이 얼마나 수월성의 표준에 도달하고 있는지 하나의 판단자로서의 역할을 한다. 끝으로 자문가는 다른 사람으로 하여금 프로그램을 이해하도록 돕기 위하여 프로그램을 연구하는 하나의 교사이다.

외부 자문가의 활용이 성공을 거두기 위해서는 외부 방문자가 프로그램의 영향을 평가하는 방법에 대하여는 말할 것도 없고 프로그램의 중요한 측면을 밝혀낼 수 있어야 한다. 종합적이고 유용한 방법으로 평가자료를 제시할 수 있는 능력은 필수적인 기술이며, 동시에 쉽게 친밀감을 형성하고 해당 프로그램 담당 교수들에게 영향을 줄 수 있는 능력도 필수적이다(Brown 1980, p.81).

미국 뉴저지에서 주립대학 석사과정 프로그램의 질을 평가할 때 사용한 외부 자문가 선발을 위한 기준(criteria)은 자체평가를 실시하는 대학에 좋은 모형이 될 것이다(Berdahl 1976, p.24). 자문가가 되려면 (1) 훌륭한 학자로서 인정받아야 하고, (2) 해당 분야 교육과정상의 문제(issues)와 경향성에 대하여 잘 알아야(Knowledgeable) 하며, (3) 특정 대학 기관의 교육적 사명을 이해할 수 있어야 하고, (4) 프로그램 발전을 위한 건설적인 제안을 할 수 있어야 하며, (5) 학문분야나 연구분아에 관한 자신의 관점에 지나치게 독단적이어서는 안 되며, (6) 해당 대학과 그 프로그램의 교수들과 어떤 관계성이 없어야 하며 동시에 그 주 내의 어떤 다른 대학과도 관계성을 갖고 있어서는 안 되며, (7) 평가할 프로그램에 있는 교수들의 많은 비율이 최종학위를 받은 대학의 교수이어서는 안 되고, (8) 객관성에 영향을 줄 만한 현저한 어떤 의무를 가지고 있지 말아야 한다.

뉴욕에서 하고 있는 것처럼 자기 대학 프로그램을 평가하도록 제안하는 여러 자문가의 명단의 목록을 해당 학과에서 검토할 수 있는 기회를 제공하고, 또 학과에서 반대해야 할 사람은 제외시킬 수 있도록 허용하는 게 현명하다(Barak and Berdahl 1978, p.79). 일단 해당 프로그램에서 명단에 대하여 평을 써내면 평가과정을 책임지는 교무담당 행정가는 자문가를 선발해야 한다. 이러한 학문적 예의절차로 해당 프로그램 교수들의 어떤 불안의 정도를 낮출 수 있고, 대신 프로그램 교수들이 자문가의 보고서를 수용할 가능성을 높일 수 있다.

3. 자체평가연구(self-study)

앞에서 이미 말했던 것처럼 평가의 기초는 자체(평가)연구인데 이는 자문가의 방문에 초점을 맞춘다. 대학마다 기관적 차원이 다르고, 또 한 대학 안에서도 학문 분야별 학과마다 당면한 문제가 다 다르기 때문에 자체평가연구는 다양한 형태일 수밖에 없고, 또 프로그램의 독특한 속성을 살릴 수 있어야 한다고 Semrow(1977, pp.12~23)는 말한다. 이와 관련하여 가장 빈번하게 사용하는 개념(construct)이 바로 (1) '상황적 자체평가연구(context self-study)'란 말이다. 즉, 각 대학은 그 핵(core)에 해당하는 기관의 목표(institutional goals)를 갖고 있다. 이 기관목표는 성격상 일반적이며 의도한 업적과 실제 업적을 관련짓고자 한다. 더구나 자체평가연구에서는 충족되지 않은 욕구를 확인하고 특별한 어떤 기회를 제공해 준다. 동시에 (2) '생산적 자체평가연구(productive self-study)'는 산출(outcome)에 초점을 둔다. 상황적 자체평가연구가 대학의 기관적 목표를 프로그램에서 어느 정도 달성하였는지 검토하지만 생산적인 자체평가연구는 프로그램 자체의 고유목표를 어느 정도 달성하였는지 측정하고자 한다. 예를 들면 대학은 기관의 목표로서 학생들의 비판적 사고력을 기르고자 하지만 프로그램에서는 그 분야의 훌륭한 사상가와 연구자들의 철학과 이론에 접하게 함으로써 이 목표를 달성하려고 하는 경우를 생각할 수 있다. 상황적 자체평가연구에서는 학생들에게 배어든 비판적 사고력의 정도를 검사하고자 할 것이고, 생산적 자체평가연구에서는 학생들이 교과내용을 학습하는 정도를 검사하게 될 것이다. (3) '투입적 자체평가연구(input self-study)'는 프로그램이 의도하는 바를 달성하기 위한 효과적인 자원활용에 관한 '방법적(how to)' 접근을 한다. 이 투입자체평가연구는 보다 더 성공적인 프로그램을 만들기 위한 다양한 전략에 대해서는 물론이고 프로그램의 강점과 약점을 고려하며 또 원하는 접근법의 손익분석을 해준다. (4) '과정적 자체평가연구(process self-study)'는 프로그램의 목표를 달성하고자 학과에서 행하고 있는 것을 검토한다.

이 세 종류의 자체평가연구를 "계속적인 평가주기모형(evaluative cyclical model)"(p.13)으로 사용할 때 대학이란 기관은 제 기능을 발휘할 수 있다고 Semrow(1977)는 믿고 있다. 즉, 장황평가 다음에 투입평가, 과정평가, 생산평가의 순서로 이어지고 상황평가로 다시 돌아가는 주기이다. 우리는 계속적 평가모형의 정신에 동의하지만 동시에 학과가 평가적 자기반성적 활동에 지나치게 사로잡혀 스스로 마비되지 않을까 걱정한다. 그래서 (역주: 한국대학교육협의회와 같은) 미국의 지역평가인정기구 평가단의 현지방문(대개 5년마다 방문하는 것으로 보고)에 대비하여 준비하는 동안은 '상황적 평가'를 행하는 게 좋고, 그래서 만일 프로그램에 심각한 또 분명한 문제가 없다면 정기적 프로그램 평가로 나머지 세 평가형태를 결합해서 사용하는 게 좋을 것이다.

효과적인 자체평가연구는 종합적이며 적어도 다음 여섯 요소를 포함한다고 Dressel(1976, pp.419~422)은 말한다. 첫째는 대학 전체의 기관적 또 그 프로그램의 사명과 목표, 교육목적의 결정이다. 둘째는 프로그램의 교육적 또 그 외의 산출을 측정하는 일이다. 셋째는 원하는 산출을 할 수 있는지 그 교육과정의 능력을 평가(assessment)하는 일이다. 넷째 요소는 프로그램 목표에 도달하기 위한 프로그램 자원(resources)의 적절성과 자원배정의 효과성에 대한 평가(appraisal)이다. 다섯째는 프로그램 계획과 의사결정과정에 대한 검토이다. 마지막으로 여섯 번째 요소는 앞의 다섯 요소를 해석하고, 약점을 개선하고 강점을 더욱 발전시키기 위한 전략을 세우는 일이다.

이러한 평가설계는 Semrow가 제안한 여러 접근을 결합시킨 것 같다. 이것은 또한 질 높은 프로그램을 만들고자 하는 여러 학문집단과 전문집단들이 만든 표준(standards)과도 일치한다. 예를 들면 미국공공행정대학협의회(National Association of Schools of Public Affairs and Administration : NASPAA, 1974, pp.4~10)는 자체평가 연구활동을 하는 프로그램의 명단 속에 가입하고자 하는 모든 기관에 대하여 9개 부문의 자체평가연구를 의무로 부과하였다. 이 자체평가연구의 요소는 프로그램의 질 검사를 하고자 하는 어떤 학문 프로그램에도 가치가 있다고 보아 하나의 예시적 목적으로 여기에 제시한다.

* 프로그램 목표 : 프로그램에 대한 간략한 연혁과 역사, 최근의 목적과 목표에 대한 논의는 물론 이와 관련한 변화과정, 프로그램에 대한 계속적인 자체검토에 대한 기술, 그리고 프로그램 목표를 도달한 정탁에 대한 분석 등이 이에 포함된다.
* 조직 : 학과의 구조, 내적 과정, 인적 구성뿐만 아니라 인적 재정적 문제에 대한 학과의 권위체제와 같은 요인들에 대하여 논의한다.
* 시설 : 공간활용뿐만 아니라 도서시설과 설비목록(컴퓨터와 기타 통신장비 등을 포함하여)에 대하여 논의한다.

* 교수 : 인적 성격의 자료를 주로 다룬다. 즉, 교수 수, 정년보장(tenured) 교수의 비율, 전임교수와 시간제 교수와의 균형문제, 교수부담에 관한 정보, 교수봉급, 직급, 학위, 전문영역, 교직경력, 연령의 측면에서 교수들 인적 구성의 균형문제를 다룬다. 교수 측면에서의 약점을 보완하기 위한 계획과 향후 5년간에 요구되는 추가 교사의 필요에 대한 추정 등도 요구된다.
* 학생 : 등록학생 수, 수업단위 규모, 졸업률, 취업률 등과 같은 문제를 논의한다.
* 학문 프로그램 논쟁점 : 교육과정에 대하여 논의하고, 추가해야 할 새로운 영역과 주의를 요하는 영역을 밝혀낸다.
* 연구 : 학과 연구목표와 생산성에 대하여 초점을 맞춘다.
* 공공에 대한 봉사 : 지역사회에 대한 봉사활동의 성격과 그 결과에 대하여 조사한다(현재의 사회적 요구에 따라 프로그램 자원을 적용(활용)하는 공공행정 분야뿐만 아니라 기타 다른 학문 분야와 전문 분야에도 매우 중요하다).
* 앞으로의 계획 : 자체평가연구로부터 추출된 계획을 포함하여 학과의 미래의 계획을 어느 정도 자세하게 설명하고 논의한다.

Anderson과 Bell(1978, pp.38~41)은 현행 프로그램 평가에 대하여 좀 다르게 접근하고 있다. 이 프로그램을 계속해야 할 것인지, 만일 계속해야 한다면 확장해야 할 것인지 결정하기 위하여 프로그램의 계속적인 필요와 그 필요를 충족시키기 위한 프로그램의 장·단기 효과, 프로그램의(긍정적 부정적 양 측면의) 부차적 효과, 프로그램의 비용(절대비용과 대안별 상대적 비용)과 비용효과, 프로그램에 대한 현재의 요구사항과 지원에 대하여 연구할 필요가 있다고 Anderson과 Bell은 믿고 있다. 프로그램의 수정에 관한 논의에 도움이 되기 위해서는 프로그램 평가는 다음 사항이 포함되어야 할 것이다. 즉 (1) 프로그램 목표, (2) 프로그램 목표와 지도하는 학생에 비추어 본 적합성, 코스의 단계적 구성과 코스의 효과성, 전문가 단체의 표준(standards)에 비추어 본 내용에 대한 일반적인 수용가능성을 포함한 코스의 내용, (3) 교육과정의 방법론, (4) 행정구조와 확정된 절차, 직원 간의 관계성, 시설과 재정, 대외관계 노력 등에 비추어 본 프로그램의 상황과 배경, (5) 인사에 관한 여러 조치 등이 필요하다.

4. 자체평가 연구를 위한 근거

교수와 행정가들이 자체평가연구를 위해서 투입해야 할 뿐만 아니라 "학생과 그 프로그램 단위의 외부 구성원으로부터도(동창회, 다른 학과, 이익집단, 정부기관 등) 투입을 얻어낼 것"(p.2)을 미국공공행정대학협의회(NASPAA, 1974)는 요구한다. Becker는 "학과가 그 전공학생만을 위해서 봉사한다는 데 반대하는 입장에서 학과의 코스 제공이 다른 학과의 학생을 위해서 봉사하는 정도"에 대하여 연구해야 할 중요한 특성이라고 생각한다. 마찬가지 논리로 자체평가연구에서는 자기 학과 프로그램을 지원하기 위하여 타 학과로부터 이용 가능한 것을 얼마나 잘 활용하고 있는지에 대하여 초점을 맞춰야 한다.

프로그램의 방향설정과 프로그램 제공에 참여한 사람 이외의 사람으로부터 얻은 자료를 포함시키면 어느 정도의 의견이 자료 속에 포함될 수 있다. 그러나 Baugher(1981, p.102)의 주장대로 다른 사람의 의견도 유용한 정보원이 될 수 있으므로 너무 주관적이고 측정하기 너무 어렵다고 무시해서는 안 된다. 예를 들면 자체평가연구의 한 부분으로 동창회의 견해에 대하여 연구함으로써 놀랄 만한 증거를 포착할 수 있을 것이다. 이러한 외부 접촉의 분명한 목적은 프로그램에 대한 학생의 만족도를 알아내는 데 도움이 되지만 Plane(1979, pp.4~5)이 발견해 낸 것처럼 그 이상의 목적을 달성할 수 있다. Plane은 미래의 성공을 위하여 중요한 대학교육의 측면에 관한 동창회 조사에 대하여 연구 보고한 바 있다. 아마 코스 내용에 대한 학생들의 학습정탁(mastery)가 대부분의 교수들이 갖는 가장 중요한 직접적인 관심 중의 하나일 것이다. 그러나 10년, 15년, 20년, 25년 전에 졸업한 동창들에 대한 조사에서 이들 중 어느 집단도 전문적인 지식(technical knowledge) 이 성공을 위해서 가장 중요한 것으로 등급을 매긴 사람은 하나도 없었다. 사실상 더 발전하고 성공적인 동창일수록 이 측면을 중요하게 평정하는(등급 을 매기는) 경향은 낮았다. 동창들의 졸업연수에 따른 각 집단에서 가장 중 요한 것으로 평정된 것은 의사소통기술(Communication skills)이었다. 정보습득기술과 정보처리기술 바로 다음으로 창의적 문제해결 능력이 중요시 되었다. 그런데 우리는 대부분 이러한 능력(competencies)을 흔히 코스와 프로그램의 2차적 목표 또는 대개 간접적 목표라고 보기 쉽다.

5. 계량적 요인(Quantitative Factors)

대학예산과 대학기관 내 자원의 내적 배분에 관한 최근의 관심으로 대학 기관 행정과 프로그램에 관한 행정 양쪽에서 계량적 자료에 의존하게 되었 다. 대학행정가들은 프로그램이 비용효과면에서 효과적인지, 다른 대안적 배 분을 하면 효과성과 효율성을 더 증대시킬 수 없을는지, 가르치는 일과 배우 는 일 사이의 관계를 명확히 나타내 주는 어떤 관계성이 있는지 등에 대하 여 알고 싶어한다. 각 학과들은 (1) 학생들이 계속해서 그 학과의 프로그램 을 요구하고 있으며, 그 프로그램을 계속할 필요가 있다는 것을 확실히 보여 주고, (2) 학생등록의 경향이 긍정적이라는 것을 보여주고, (3) 학생들이 졸업하여 좋은 직업을 찾아나간다는 것 등을 보여주고, (4) 그래서 어려운 교수확보 투쟁과 재정자원 투쟁에서 이길 수 있기를 바라고 있다.

이러한 계량 가능하고 비교 가능한 자료에 대한 관심으로 미국 주교육감 회(Commission of the States : ECS)는 현존 프로그램 평가에서 고려 해야 할 여러 기준을 설정하게 되었다. 이들 기준은 (1) 최근 5년간 매년 의 졸업생 수, (2) 학생 등록률과 탈락률, (3) 학급규모와 코스 비용, (4)

프로그램 졸업에 드는 비용, (5) 교수의 근무부담, (6) 지역과 전국적 평판과 교수의 자질, 해당 프로그램 졸업자가 취업한 지위를 증거로 한 그 프로그램의 질, (7) 프로그램 졸업자에 의한 계속되는 전문가 배출, (8) 프로그램의 취소 또는 통합에 의하여 가져올 수 있는 질의 개선과 그 경제성, (9) 일반적인 학생의 관심과 프로그램에 대한 요구의 경향, (10) 대학의 기관적 차원의 사명에 비추어 본 그 프로그램의 적절성이다(Barak and Berdahl 1978, p.68).

이들 중 어떤 기준은 프로그램 평가 이상의 혜택을 볼 수 있는 것도 있다. 예를 들면 프로그램에 대하여 계속적인 사회적 요구가 있는지에 대한 검토를 하면 전문영역과 기타 다른 영역에서 기대 이상의 효과를 가져올 수 있다. 전문직에 들어가기 위해서 요구되는 앞으로 있을 수 있는 가능한 직업기회와 기술에 대한 조사를 하면 최신의 요구에 맞추기 위하여 교육과정을 수정하게 되고, 학생에게 새로운 정보로 지도하고, 교수의 전문적 발전을 위한 필요성을 인정하게 된다(Cohen 1974, pp.318~319).

주교육감회(ECS)가 제안한 이러한 기준들이 의사결정을 위하여 중요한 계량적 자료를 제공해 주려는 의도를 가지고 있지만 그렇다고 판단을 회피하는 것은 아니다. 예를 들면 학생의 탈락률에 관한 자료에 의하여 학생의 보유율을 믿을 수 있느냐에 의문을 제기한다. Miller(1979, pp.42~44)가 지적한 것처럼 분명히 어느 정도의 탈락률은 어쩔 수 없고 또 어떤 면에서는 바람직하기도 하다. 더구나 수용할 수 있는 보유 / 탈락률에 관한 판단은 대학의 기관적 사명과도 관련된다. 주립대학에서의 학사학위 완료비율은 40~50%에서부터 명문 사립대학교의 학사학위 이수율은 90~95%로 아주 다양하기 때문에 졸업률을 다른 비슷한 기관의 졸업률과 비교하는 것은 평가하고자 하는 프로그램에 대하여 어떤 의미를 줄 수 있다.

다른 계량적 영역도, 즉 비용효과 분석도 또한 판단적 문제를 제시한다. 그 프로그램에 대하여 돈을 투입할 가치가 있느냐에 대하여 Anderson과 그의 공동연구자들(1975)이 주장한 것처럼 "산출에 명백한 가치가 없다"(p.93)는 것을 증명하지 않으면 안 된다. 그렇다고 하더라도 비용과 비용효과와 교육의 질 사이에는 어떤 관계성이 있다는 증거는 못 된다.

학점당 평균비용과 같은 요인들에 근거한 평가가 교수의 전직을 부채질하고 또 교수를 위한 학문적(scholarship) 보상과 승진을 막는 근거가 되기 때문에 이러한 평가는 오히려 교육의 질적 목표에 대한 역작용이 되지 않을까 하고 Becker(1972, p.6)는 두려워한다. 원로교수(senior faculty)들은 높은 보수를 받지만 더 많은 수업시간(credit hours)을 맡지는 않는다. 실제로는 오히려 더 적은 시간을 가르친다. 그래서 프로그램은 비용효과성을 높이기 위해 경험이 적은 교수들이 더 많은 학생을 맡고, 적은 보수를 받는 교수에게 대규모 등록의 코스를 담당하게 하는 경향이 있다. 이와 마찬가지로 전일제 해당교수(FTE)당 비용과 같은 단기지표(short-term indicators)에 의존하다 보면 프로그램의 장기적 효과성 측정, 즉 사회적 요구를 충족시켜 주는 장기적 효과를 잃어버릴 위험이 있다고 Sizer(1979)는 주장한다. 프로그램에 대한 정확한 평가를 하기 위하여 "업적 성과의 질적, 양적 두 측면에 적절한 균형을 유지해야 한다"고 Sizer는 믿고 있다.

6. 질적 요인

분명히 프로그램 평가에서 질에 대한 논의를 피할 수 없다. 그러나 Scott(1981)가 지적한 것처럼 여러 학문분야에서 "질은 포착하기 어려운 개념(elusive concept)이라고 생각되었다"(p.2). 질은 교수 중 박사학위 소지자 수나 도서관의 장서 수와 같은 계량적 자료만을 조사해서도 밝힐 수 없을 뿐만 아니라 프로그램의 도구와 방법적 측면을 검사해서만도 밝힐 수 없다고 Scott는 믿고 있다. 질은 또한 프로그램의 목적, 가치(values), 적절성(appropriateness), 유용성(worth) 등을 평가함으로써 밝혀질 수

있을 것이다. 뉴욕 주 교육구(1981)도 비슷한 생각을 하였다. 프로그램의
질적 평가는 다차원적이어야 하고, 그 기관의 사명도 고려해야 하며, 또 산
출 측정과 직결되는 계량적 자료도 포함해야 한다. 한 대학을 개별적으로 볼
때 그 기관의 성격을 명확히 밝혀줄 수 있는 신뢰로운 질적 지표를 제공해
주지 못하고, 많은 수의 대학을 평가함으로써 "비교적 믿을 수 있는 전반적인
(질적)모습을 그릴 수 있다"(p.9).

　프로그램의 질은 목적과 목표, 학생의 학습, 교수의 성과와 업적, 학문적
프로그램과 같은 상황의존적인 여러 요소들로 구성된다"는 데 Miller(1979)
도 의견을 같이한다.

7. 목 표

　한 기관의 질을 평가하기 위하여 기관과 프로그램의 목적과 목표를 중심
에 놓고 보아야 한다고 이미 여러 사람들이 말하였다. "기관의 사명을 잘
정립하고 잘 이해하면 프로그램의 질을 평가하기 위한 준거 체계(frame of
reference)가 만들어진다"(p.83)고 Caruthers(1980)가 말하였는데 일
반적으로 여기에는 동의하는 것 같다. 예를 들면 학생입학허가에 개방적인
대학보다는 더 높은 수준의 선발을 하는 대학은 학업적성검사(SAT) 점수
의 경향과 입학학생의 학급에서의 성적에 더 관심을 가질 필요가 있다. 연
구중심대학(research university)의 박사학위 수준의 화학과 프로그램은
교수(teaching)에 주목적을 둔 대학에서 봉사기능(service function)을
갖고 있는 소규모 화학과 프로그램과 비교하여 볼 때 지식의 향상을 위한
교수들의 참여에 더 관심을 가져야 할 것이다.

　대학 전체의 전반적 사명과 목표를 달성하는 정도를 평가하는 데 있어서
대학 기관이나 학과는 미국 Education Testing Service(ETS)가 제작한

"Institutional Functioning Inventory(대학기관기능조사지, IFI)"와 같은 도구를 사용하면 좋을 것이다. 이 도구는 37개 대학(교)을 표집으로 사용하여 제작되었다(Miller 1979, pp.264~265).

ETS가 개발한 IFI는 대학의 지적-심미적 분위기, 자유, 인간적 다양성, 사회개선에 대한 관심, 학부학습에 대한 관심, 민주적 통치(governance), 대학소재 지역의 욕구에 대한 충족, 대학 자체에 대한 (평가)연구와 계획능력, 지식향상에 대한 관심, 대학의 사기와 단체정신을 평정하는 데 사용될 것이다. 물론 IFI와 같은 도구가 대학의 자기반성을 대체하기 위한 의도로 만들어진 것이 아니고 자기반성의 과정에서 사용한 유용한 도구로 만들어진 것이다.

8. 학생학습

학생학습에 대한 평가를 위해서는 졸업률과 첫 번째 전문 직업에의 취업률과 같은 앞에서 언급한 측정을 포함시킬 필요가 있다. 또 여기에는 다음 수준(석사, 박사)의 학위 프로그램에 입학허가를 받는 프로그램 졸업생의 능력과 그 프로그램(석, 박사)으로부터 졸업할 수 있는 능력이 포함되어야 할 것이다. 상대평가처럼 중요하지 않은 절대점수와 함께 교과지식에 대한 표준화 검사도 유용할 것이다. 대학원입학시험(Graduate Record Examination : GRE), 밀러유추검사(Miller Analogy Tests : MAT), 전문직대학교 입학허가에 사용되는 각종 시험 등에서의 학생들의 실적도 또한 조사해 봐야 할 것이다. 해당 프로그램에서 얻은 성적(grades)을 표준화 검사 점수는 물론 동일계통 코스와 일반 코스에서 얻는 성적과 비교해 보면 프로그램 성적이 곧 학습의 지표라고 말할 수 있는지 또는 성적 인플레로 성취도를 과대평가했는지를 알 수 있게 될 것이다. 그러나 장기적으로 보면 학생학습을 가장 잘 나타내 주는 지표는 동창들에 대한 조사와 마찬가지로 프로그램 졸업생에 대한 상대적인 미래의 성공률을 말해 준다.

학생지도(advising)와 상담체제는 학생들로 하여금 대학의 일반교육철학과 요구사항, 프로그램의 요구사항, 졸업 후 직업기회에 대해서 뿐만 아니라 대학의 등록 절차와 기타 다른 절차에 대처하는 방법을 알 수 있도록 해주기 때문에 대학의 프로그램에 대한 학생들의 능력을 길러주는 것은 학생지도체제와 상담체제이다(Miller 1979, pp.40~41). 특히 교구의 보상체제에는 대개 학생지도(avising)에 별로 중요한 가치를 두지 않기 때문에 학생학습에 대한 평가는 학생지도에 초점을 맞춰야 한다.

9. 교수의 업적

Dressel(1971, p.280)에 의하면 효과적인 대학자체평가연구에 필수적이고 나아가 프로그램의 질에 대한 판단에 필수적인 것은 교사의 질과 사기, 활동에 대한 평가이다. 전임교수, 시간제 교수, 관련교수(adjunct faculty) 집단 간의 균형이 주어진 프로그램의 목표와 수월성의 추구에 알맞은지에 초점을 맞춰 검토해 봐야 한다.

교수의 업적향상을 위한 강한 교수평가체제를 갖추고 있는 대학은 프로그램의 질을 알기 위한 성적평가의 튼튼한 기초를 마련해 놓고 있다(Miller 1979, pp.76~77). 종합적이고 정기적인 교수평가에는 교수(teaching), 학생지도(advising), 연구와 출판, 대학과 지역사회, 학회, 연구보조금 활동에 대한 봉사 등에 관한 평가가 포함되어야 한다(평가과정에서 밝혀진 각각의 약점을 처방하기 위한 기능적인 프로그램은 질과 관련된 프로그램의 특성이다). 미국에서 정기적인 교수평가과정은 일반적으로 아직 정년을 보장받지 못한 교수에 한정되어 있기 때문에 프로그램 평가의 한 부분으로 교수업적에 대한 완벽한 검토를 대신할 수 없다.

개별 교수의 업적을 평가하기 위한 근거로 사용되는 자료에 첨가하여 교수의 교수부담에 관한 정보(teaching load information)와 최종학위 획득과 다른 대학이나 기관, 재단, 기업체 등과의 제휴관계와 같은 배경특성이 포함되어야 한다. 이 책에서 여러 번 언급했던 것처럼 대학의 기관적 목표와 프로그램 목표는 이러한 요인을 평가하기 위한 기초가 된다. 예를 들면 Bayer(Miller 1979, pp.89~91에서 인용된)는 교수의 질을 (1) 프로그램 교수 중에서 미국 내 12위권에 드는 명문대학교에서 최종학위를 획득한 교수의 비율, (2) 프로그램 교수의 박사학위 소지율, (3) 3종 이상의 전문 학술지를 구독하는 교수의 비율, (4) 적어도 한 권의 책이나 논문을 출판한 교수의 비율, (5) 주관심이 교수보다 연구에 두고 있는 교수의 비율의 다섯 가지 측정에 대하여 조사하였다. 이 다섯 질적 지표는 모두 개별 학생에 관한 관심과 부적(−)으로 관련되어 있다는 사실을 Bayer는 발견하였다. 그러므로 연구중심대학이 아닌 교수중심대학(teaching institution)을 표방하는 대학이나 폐쇄적 지역사회로서의 이미지를 부각시키고자 하는 대학은 이와 다른 교수업적평가를 위한 질적 지표를 강조해야 할 것이다. 이러한 대학은 Miller(1979, pp.92~94)가 제안한 (1) 교수(teaching)의 질, (2) 학생유치(보유) 능력, (3) 교수진(faculty)의 안정성, (4) 교수의 전문활동(professional activities), (5) 교수의 연구·출판활동, (6) 학과의 자기비판과 혁신성을 포함한 생동감(vitality)에 더 관심을 두어야 할 것이다.

10. 학문 프로그램

프로그램의 질을 평가하기 위한 네 번째 요소는 교육과정과 지원체제(support services)에 초점을 둔 학문 프로그램(academic program)의 평가이다. 그런데 불행하게도 1969년에 Dressel과 DeLisle(Miller 1979, pp.97~98에서 인용)은 322개 대학(교)을 대상으로 한 연구에서 이들 대학은 교육과정에는 거의 관심을 기울이지 않았음에도 불구하고 수업의 질에는 주의를 기울이고 있다는 사실을 발견하였다. 아마 제공하는 코스와 코스 내용의 분석이 학문의 자유에 대한 침해라는 생각에 근거하여 교육과정 설계에 대하여 관심을 기울이지 않는 것은 근시안적 단견이다. 높은 수준의 수업이 되려면 해당 교육과정 모형을 설계하게 되는 근거가 되는 이미 결정된 학과의 목표 달성을 지향하는 수업이 되어야 한다. 타 학과에게 요구하는 관련된 필수과목으로 이 학과에서 제공하는 공통과목을 검토해 보면 교육과정 모형이 학과목표를 충족시켜 주는 정도를 밝힐 수 있다.

개별 코스들이 이들 교육과정 목표에 충분히 초점을 맞추었다는 것이 밝혀지면 자체평가연구에서는 각 코스에 대하여 깊이 조사할 필요가 반드시 있는 것은 아니다. 그런 각 코스별로 내용분석을 하면 학과의 우수성 추구에 대한 관심의 부차적 증거가 될 수 있다. 교과서와 과제물의 적합성과 질에 대한 초점을 포함하여 학문의 자유에 대한 침해에 관한 어떤 두려움과 각 코스에 대한 내용분석에 관한 논의는 자체평가연구위원회가 하는 것이 아니라 개별 교수가 하는 것이 좋다.

학과의 학문 프로그램의 기초가 되는 일반교육의 구성을 검토하지 않고는 학과의 학문 프로그램에 대한 연구를 완전하게 할 수 없다. 이러한 일반교육의 구성에 대한 검토는 분명히 대학의 기관차원의 관심의 중요한 한 영역에 속한다. 그러나 일반교육 프로그램이 제공하고자 하는 기본지적 기술과 다학문적 범위는 특정영역에서의 학위이수에 필수요구사항이기 때문에 해당 영역의 교수들이 학과의 학문 프로그램의 목표가 달성해야 할 정도를 검토할 때 교육과정의 그 측면을 의식할 필요가 있다. 예를 들면 1960년대 후반과 1970년대 초에 미국 대학원에서 영어를 요구하는 대학의 비율이 90%에서 72%로 떨어졌다. 이와 비슷하게 외국어의 숙달을 요구하는 대학은 73%에서 53%로 떨어지고, 수학을 요구하는 대학은 33%에서 20%로 줄어들었다(Miller 1979, p.121). 많은 대학에서 필수과목은 위임된 과목(mandated distributions)으로 대체되고 이어서 학생 개별적으로 협상하는(individually negotiated) 일반교육으로 바뀌었다. 그러나 그 대학의 교수가 그 기관의 교육에 중심이라고 믿는 영역에 학생들이 반드시 접할 수 있도록 보장해 주기 때문에 구조적인 일반교육 프로그램은 대학의 기관적 목표를 가장 잘 달성한다는 것이 명백하게 된다.

시계의 추는 이러한 방향으로 움직여가기 시작하였지만 많은 대학에서 일반교육에서 처리해야 할 많은 문제가 남아 있다. 예를 들면 오늘날 우리 앞에 전개되는 급속한 기술변화 때문에 공공행정 졸업자들은 사회문제에 대한 과학과 기술의 역할과 적용을 이해하지 않으면 안 된다. 동시에 과학학도들도 반드시 논리학을 이해하지 않으면 안 된다. 마찬가지로 이제 경영학 전공자들도 세계 여러 나라의 경제적 상호의존성에 대해서 뿐만 아니라 국가의 문화적 차이를 이해해야 한다. 이러한 관심을 충족시켜 주는 일반교육 교육과정을 구성하는 것은 각 대학기관이 그 사명과 목표를 염두에 두고 결정해야 할 어떤 것들이다. 만일 일반교육 프로그램이 전공을 향상시키지 못한다면 전공교수가 종합적인 교육과정 모형으로 통합되도록 수정하기 위하여 대학의 기관수준에서 연구해야 할 필요가 있다.

학문 프로그램 평가의 한 부분으로 다루어져야 할 지원체제에는 학과의 개별 코스를 지원해 주는 (1) 도서관 장서의 수, 장서의 균형, 질 (2) 설비의 조사목록과 설비의 질, (3) 교수와 학생의 컴퓨터 접근가능성, (4) 학교 내외의 실험실, 경험과 다른 실험, 실습기회의 질, (5) 제공되는 직업보도 봉사, (6) 직업 프로그램과 전문 프로그램에서는 프로그램 졸업생을 적절한 직업 자리에 알선하는 성공률 등이 포함되어야 할 것이다.

11. 학과의 평가활동에 대한 평가

끝으로 프로그램의 질을 나타내는 하나의 요소는 그 프로그램이 자체를 평가하고자 하는 과정이라고 할 수 있다. Suchman(Anderson and Associates, 1975. pp.281~286에서 인용)은 평가방침이 평가를 똑바로 접근시키지 못하는 경우가 있다는 것을 발견하였다. 그는 6개의 자주 왜곡되는 기법을 지적하였다. 즉 (1) 프로그램의 성공적인 요소에만 평가의 초점을 맞추는 '속임수(eye-wash) 방법', (2) 객관적 평가를 회피함으로서 목표의 미달 측면을 감추는 '백색 페인트 칠(white-wash) 방법', (3) 평가될 프로그램의 손상된 부분에만 관심을 집중시키는 '잠수함(submarine) 방법', (4) 유리한 이미지를 부각시키기 위한 평가의 설계에만 객관적인 것으로 나타내는 비뚤어진 '자세(posture) 방법', (5) 평가에 대한 관심이 사라지길 바라며 평가를 연기하는 '연기(postponement) 방법', (6) 프로그램의 실제적인 핵심으로부터 사소하고 극히 일부분일지라고 성공적인 부분으로 평가의 초점을 옮기려 시도하는 '대치(substitution)법'의 여섯 기법이다.

  극히 문제가 될 때, 특히 "결과가 기관의 생존에까지 영향을 주게 될 때 완전히 솔직하리라는 확신"을 가질 만한 기관은 거의 없다고 Tritshcler(1981)는 믿는다. 그러나 교수들이 "현명하여 자체평가연구를 프로그램의 질 발전을 위한 강력한 도구로 다룰 수 있게 된다면 자체평가연구는 훨씬 더 정직한 증거가 될 것이다"(p.28). 프로그램이 평가에 개방적이고 기능적인 노력을 한다면 그 프로그램은 우수성 추구에 관심을 기울인다는 결론을 쉽게 내릴 수 있을 것이다. 프로그램이 진정한 자체평가연구활동에 얼마나 노력하고 있으며 또 이러한 자체평가연구노력의 결과를 후속 프로그램 결정에 얼마나 반영시키고 있느냐 하는 정도를 자체평가연구에서는 검토해 봐야 한다.

12. 프로그램 평가 결과의 보고

  자체평가연구에 대한 주의 깊은 검토와 대학 현지 방문에 기초를 둔 외부 자문가의 보고는 프로그램의 전반적인 질에 대한 평가를 해야 한다. 프로그램의 강점을 인정하고 약점을 가진 영역을 밝혀줘야 한다. 물론 자문가들이 문제해결에 도움이 되는 어떤 통찰을 제시해 줄 수 있지만 어떤 필요한 치료 조치를 취하는 일은 해당 기관에 떨어진다. Anderson과 그의 동료들(1975, pp.130~132)이 지적한 것처럼 특히 학문 프로그램에 대한 평가가 근본적으로 정치적 과정이라고 믿는 사람들이 많기 때문에 프로그램 교수 이외에 보고서에 비밀을 지키는 사람이라도 전연 논란이 없다고 생각하지는 않는다(Kelly and Johnston 1980, p.29). 이러한 신념은 방금 논의된 것처럼 평가과정을 뒤엎는 결과를 가져올 뿐만 아니라 평가 자체에 있어서 "옅은 흙이나 가시덤불 위에 뿌려진 씨앗과 같이 되고, 후속적 방법이나 활용에 별로 쓰이지 않는 결과를 가져온다"(Anderson and Ball 1978, p.92). 만일 평가 결과가 프로그램 담당 교수에게만 알려진다면 책무성의 목표는 잘 달성되기 어렵다.

하나의 문제해결 방법은 두 개의 평가보고서를 준비하는 것인데 그 하나는 프로그램 담당교수와, 그 학문분야 담당 행정가와, 기관 차원의 의사결정자가 활용할 자세한 보고서이고, 다른 하나는 광범하게 배포할 목적의 요약 보고서이다(Semrow 1977, p.19). 많은 대학에서 이러한 방법을 받아들일 만한 접근으로 밝혀질 것이다. 그러나 아마도 자기네 프로의 전반적인 질적 수준과 자기 대학의 평판에 대하여 자신을 갖고 있는 다른 대학들은 시카고 대학교의 모형을 따르고자 할 것이다. 시카고 대학교에서는 이 대학의 공식적인 대학교 출판물인 The University of Chicago 'Record'를 통해서 외부 자문가의 보고서에 접할 수 있게 한다(Miller 1979, p.272).

Howard Bowen(1980)은 평가결과의 공개여부에 관한 좋은 학문적 감정을 미국중부주평가인정기구(Middle States Association)의 연차대회 연설문에서 잘 밝혀주고 있다.

우리 대학이 얼마나 나쁜지, 또는 우리 대학의 문제가 무엇인지 세상에 공표하기를 두려워하지 않을 수 없다. 그러나 만일 대학의 발전을 위하여 전 대학사회의 지원을 받고자 한다면 산출에 어떤 결과가 있었는지에 관한 지식을 전 대학 공동체와 나누어 갖지 않으면 안 된다. 만일 이 결과를 비밀에 붙인다면 대학의 개선을 위한 공동체의 노력을 개발시키는 기능을 하지 못하고, 또 책무성에 대한 호소에 어떤 대답도 하지 못하게 된다(p.37).

"입학허가 요구사항이나 대학의 재정형평을 설명하는 데 개방적인 것처럼 이 문제에 대하여도 그렇게 개방적일 수 있는 대안은 거의 없다"(p.37)고 믿으며 Bowen은 결론을 내렸다. 공개하지 않으면 주의회 관계자와 행정부 프로그램 감사관은 물론이고 주교육위원회와 고등교육부서의 학문적 영토에 더 깊이 침입하는 결과를 가져오기 때문에 저자들은 Bowen의 결론에 의견을 같이한다.

13. 평가결과의 활용

분명히 보고서만으로는 학문 프로그램의 질에 대한 책무성을 다한다고 할 수 없다. 평가활동의 결과는 해당 학과로 하여금 학문적 우수성을 증진하기 위하여 필요한 변화를 할 수 있도록 체제 내에 피드백되어야 한다.

Munitz와 Wright(1980)가 보고한 것처럼 미국 미시간 주에서는 평가결과를 피드백하고 있다. 예를 들면 미시간주립대에서는 학과수준에서 "단위계획과 자원배분 사이의 주요 연결 기능으로 년차 평가와 보고(Annual Evaluation and Report: AER) 체제를 확립하였다. 여기서는 주로 보부서(평가와 보고, 기획과 예산)를 구성하여 각 학과로 하여금 교수의 수업, 연구, 전문활동과 관련하여 대학 내 다른 비슷한 단위와 관련지어 그 업적을 평가할 수 있도록 하고, 또 대학의 전반적 목표와 연결지어 미래의 계획을 세울 수 있도록 하는 체제이다. 이 체제는 또한 우선순위에 따라 학과의 목표를 열거하고(동시에 각 목표를 위하여 필요한 자금과 자금의 출처를 확인하여), 또 앞으로 있을 수 있는 일반 자금의 감소를 예상하여 예산의 차액을 장기적 전망에서 학과가 어떻게 확보할 것인지 알 수 있도록 하여"(p.25) 예산을 편성하는 데 도움이 된다.

미시간 대학교가 취한 체제는 최종적으로 "향후 5년간 달성하고자 하는 구체적인 대학의 목적과 계획을 문서화시킨"(p.29) "이해를 위한 메모(Memorandum of Understanding)"를 만들게 되는 3단계 과정을 통하여 평가와 기획, 예산이라는 요소를 통합하려고 시도하였다. 이 메모는 "(1) 평가계획과 스케줄, (2) 학생등록과 교직원 추정, (3) 이러한 계획과 추정을 포함하는 예상되는 예산의 필요(p.29)의 핵심을 하나의 단일 문서로 통합시킨 것이다.

분명히 이러한 진술문은 정기적으로 검토하고 새로운 필요나 변화하는 상황에 맞추기 위하여 변경시켜야 한다. Munitz와 Wright는 이러한 진술문의 가치의 하나가 특수한 대학의 특별한 상황에 맞추는"(p.29) 능력이라고 본다.

14. 결어(Concluding Note)

미국에서 고등교육 활동에 정부가 관심을 보이게 된 역사적 배경은 분명한 사회적 요구에 응하기 위하여 발전을 도모하려는 데에 있었다. 특허장 부여(chartering), 면허(licensure), (최근에는) 새 프로그램의 승인의 수준을 넘어 정부가 학문 프로그램이 강하다는 것을 보증하기 위하여 대학자체와 함께 전문직 단체와 자발적 평가인정집단에게 일반적으로 의존해 왔다. 대학기관의 표준이 충분히 높다고 주장하는 방법에 대하여 책무성 운동과 교육소비자 운동에서는 의문을 제기하기 시작하였다. 납세자들이 계속해서 올라가고 있는 공교육비를 부담할 수 없다고 주장하면서 이러한 움직임이 일어날 뿐만 아니라 동시에 고등교육에 대한 대중의 신뢰가 밑바닥을 맴돌고 있는 때에 이러한 움직임이 일어나기 시작하였다.

　이러하여 공공자금을 받는 다른 기관에서 오래전부터 했던 것처럼 정부는 고등교육에 대해서도 산출이 투자를 정당화시키는 증거를 요구하기 시작하였다. 여러 가지 방법으로 이러한 요구에 응할 수 있다. 주지사나 주의회에서 프로그램 검사관을 고용할 수도 있고, 주조정위원회(state coordinating boards)와 주기관이 프로그램 검사직을 만들거나 프로그램 평가를 할 수도 있을 것이며, 대학 자체가 필요한 보증을 할 수도 있을 것이다. 지역평가인정기구(regional accreditation)들이 평가를 확대하고 강화시키고 평가주기를 5~10년 간격으로 한다 하더라도 공공적 책무성의 증거를 충분히 제시할 수 있을 것 같지는 않다. 그러나 확신시킬 수 있는 길은 개별 대학이 자체 프로그램의 질에 대하여 계속적이고 엄격한 평가를 실시하는 것이다. 이러한 자체평가는 종합적이고, 솔직하며, 결정지향적이어야 하며 대중이나 대중의 신뢰를 받고 있는 사람을 만족시킬 수 있도록 평가결과를 실제로 대학과 대학의 프로그램 제공을 강화시키는 데 활용해야만 한다.

미국 지역평가인정기구의 학교평가

Dr. Ronald T. Lambert
미국 미네소타대학교 교수

(역주: 이 원고는 역자의 박사학위 지도교수인 Lambert 박사가 87년 4월 27일 한국대학교육협의회 대학평가연구위원회에서 발표한 것을 번역한 것임)

안녕하십니까?
오늘 이 발표에서 다음 네 가지 내용에 초점을 맞추고자 한다.

(1) 미국 지역평가인정의 발달 이유.
(2) 미국의 지역평가인정기구에 대한 설명.
(3) 구체적인 평가인정과 평가의 과정.
(4) 평가와 평가인정의 결과.

여러분도 짐작할 수 있듯이 여러분과 같은 동료들에게 발표하는 데 있어서 한 가지 어려움은 여러분이 이 주제에 대하여 어느 정도 알고 있는지 발표자가 모르고 있다는 점이다. 어떤 분은 이 문제에 대하여 아마 깊이 알고 있을 것이지만 어떤 분은 전연 모를 수도 있을 것이기 때문이다. 너무나 기초적인 문제지만 우선 두 가지 용어부터 정의하고자 한다. '평가인정(accreditation)'이란 용어는 '평가인정기구가 이미 설정해 놓은 요구되는 질적 표준에 회원교가 도달했다는 증명(certification)'을 의미하는 것으로 사용한다. 일반적인 교육용어인 '평가(evaluation)'는 '학교가 그 자체의 목표(objectives)를 어느 정도 성공적으로 달성하였는지에 대한 가치판단(value judgements)의 목적으로 학교를 조심스럽게 감정(appraisal)'하는 것을 암시한다. 이제 첫 번째 내용으로 들어가고자 한다.

1. 지역평가인정기구의 발달

미국에는 교육기관에 대하여 국가적 통제를 행사하는 중앙집권적 권위기관이 없기 때문에 각주정부가 교육에 대하여 각각 다른 정도의 통제를 한다. 이런 상황이 된 것은 우연한 역사적 사실이 아니다. 미국의 교육은 학교를 주민들 가까이서 통제하도록 하려는 세심한 노력의 결과로 고도로 분권화되어 있다. 미국 대부분의 학교는 이러한 지역사회(local community)의 통제하에서 발전하고 있기 때문에 이러한 배려는 적중된 셈이다. 그러나 이런 결과로 많은 주에서 수백 개에 달하는 지방교육구(local school districts)를 모자이크식으로 합쳐 놓은 격이 되고 각 교육구는 나름대로 교육구 운영형태를 갖게 되어 전국적으로 볼 때 너무나 광범하고 다양한 학교가 공존하게 된 것이다. 최근의 교육통계에 의하면 미국 내에 16,000개의 지방교육구가 있다. 이러한 분권화로 기대되는 것은 몇 가지가 있다. 발표자는 지금 하와이 주에서 한국으로 건너왔는데 이 주는 아주 집권화된 학교체제를 갖고 있다.

미국 공교육에서 당면한 주요 딜레마 중의 하나는 최근에 아주 경직된 관료적 경향을 보이는 고도로 중앙집권적인 교육체제로 발전하지 않도록 막으면서 어떻게 계속적으로 교육의 변화와 향상을 고무시키고, 계속적으로 일관된 질통제라는 대체적인 틀 속에서 학교운영의 개성(individuality)을 살리느냐 하는 문제이다. 이러한 딜레마에 대한 미국의 해답이 자발적, 지역적, 비정부적 평가인정기구의 발달이었다.

여러 학교로 하여금 기본적 수준의 질을 보장하도록 하기 위하여 미국 내 교육기관에 대한 비정부적 동료평가의 수단으로 평가인정제를 실시하게 되었다. 바꾸어 말하면 미국의 지역평가인정기구는 관료적 중앙집권제의 출현을 수반하지 않으면서 각양각색의 다양한 미국 학교의 질에 일관성과 공통성을 유지해야 한다는 요구에 대한 미국교육자들의 대응이라 할 수 있다. 지역평가인정기구는 지방교육구와 주의 경계를 넘어 교육의 질에 대한 표준(standards)을 제공해준다. 학교가 선택하여 사용하고자 하는 선택적(optional) 자발적인 질의 표준을 제공함으로써 미국의 지역평가인정기구는 지역통제(local control)라는 미국교육의 중요하고도 독특한 측면을 포기하지 않으면서도 대체적인 질통제의 목적을 달성하고 있다.

2. 지역평가인정기구

현재 미국에는 6개의 지역평가인정기구들이 있다. 이들의 규모도 각기 다르다. 작은 것은 2개 주를 관할하고, 가장 큰 중북부주평가인정기구(North Central Association)는 19개 주에다 인디언 학교와 전 세계에 걸쳐 있는 미 국방부 소속 학교까지 관할하고 있다. 6개의 지역평가인정기구 중에서 가장 많은 교육기관을 평가인정하고 있고 또 본인이 오랫동안 평가위원으로 일해 온 중북부평가인정기구(NCA)에 대하여 좀더 자세히 설명하고자 한다.

1895년에 창설된 NCA는 평가와 인가인정을 통해서 교육을 향상시키고자 하는 초·중·고등교육기관을 위한 자발적 평가인정기구이다. 이 기구의 규정에 나타난 기구의 설립목적은 다음과 같다.

(1) 각급 학교의 높은 표준의 수월성(high standards of excellence)을 발전·유지하고,
(2) 교육문제 해결을 위하여 과학적 전문적으로 접근하여 초·중·고등 교육기관의 교육 프로그램과 수업효과성을 계속 향상시키고,
(3) 기구 내 여러 학교 간에 협동적 관계성을 형성하고,
(4) 다른 교육기관과 평가인정기구 간에 효과적인 협동노력의 관계성을 유지한다.

발표자가 오랫동안 NCA와 함께 일해 왔기 때문에 이 기구에 대해서 좀더 자세히 기술해 보기로 한다. 본인은 1986년까지 10년 이상을 NCA 미네소타 주 위원회의 미네소타대학교 대표로 일해 왔다. 그리고 또 이 기간 동안 평가방문 단장의 역할도 맡아왔다. 그렇지만 이렇게 일해 왔어도 NCA의 직원도 아니었고 또 NCA로부터 어떤 보수(pay)를 받은 적이 없다. 본인은 미네소타대학교 교수이고(여기서 봉급을 받고) 또 대학교가 NCA를 위해서 봉사하도록 지원해 주기 때문이다. 본인은 평가인정과 평가가 교육의 향상에 중요한 기여를 한다고 믿기 때문에 하나의 전문가적 봉사(professional service)로 NCA의 활동에 참여하기로 동의한 것이다. 본인을 NCA 직원으로 보지 말기 바란다. 그렇게 보면 NCA와 NCA의 활동을 설명하는 데 오해를 불러일으키기 쉽다. 본인이 NCA에 대하여 뭐라고 말하든 이것은 NCA 직원이라는 편견에서 나온 것이 아니라는 점을 강조하고 싶다. NCA에는 극소수의 (3, 4명)의 전임 유급직원이 있을 뿐이다. NCA 활동의 대부분은 여러 교육기관의 자발적인 직원들에 의하여 수행된다.

주제로 되돌아가서 NCA는 이 기구가 설정해 놓은 표준(standards)으로 표현된 질의 조건을 각 학교가 기꺼이 지키고자 하고 또 그럴 능력이 있다는 데 근거하여 NCA의 공식적인 회원학교로 지정한다. NCA의 회원학교와 평가인정의 표준은 지방교육구와 주의 경계를 넘어 확대된다. 뿐만 아니라 지역평가인정은 프로그램 평가가 아니라 기관평가(institutional)이

다. 기관 평가인정은 학교의 한 프로그램이나 한 국면이 아니라 학교 전체
가 이 기구가 정해 놓은 표준에 도달했다는 것을 말한다.

　NCA는 초·중등학교위원회와 대학위원회의 두 위원회로 구성된다. 두
위원회가 재정에 관해서나 일반적 활동에서는 서로 독립적이고 자율적이지
만 평가인정과 평가과정은 근본적으로 동일하다. 즉 세부사항에서는 기관의
수준에 따라 다르지만 전반적인 평가인정과 평가과정, 그리고 과정의 주요
단계는 모든 수준에서 동일하다.

　초·중등학교위원회는 고등교육 이하의 모든 학교를 평가인정하고 또 방
침(policies)과 표준을 정한다. 이 위원회는 (1) 회원교의 자기개선노력을
자극하기 위한 학교평가 프로그램을 뒷받침한다. 또 (2) 다양한 회원교의
교육적 문제를 연구하도록 북돋우고, (3) 긍정적인 학교관계를 형성하고
NCA 지역 내의 질교육을 책임진다.

　고등교육기관위원회는 지리적으로 그리고 기관의 형태에 따라 균등하게
배분된 회원대학 대표로 구성된다. 이 위원회는 (1) NCA 회원대학을 위한
기준(criteria)을 설정하고, (2) 회원교에 준하는 관련기관을 돕고, (3)
회원교 프로그램의 향상과 확장을 위하여 봉사하고, (4) 평가인정 과정과
방문단의 정기적 방문을 통해서 지역 내 고등교육기관의 향상을 위하여 자
극하는 일을 한다.

3. 평가인정의 구체적 절차

　이제 평가인정과 평가의 과정에 대하여 구체적으로 살펴보고자 한다. NCA
회원교로 가입하고자 하는 미평가인정기관(non-accredited institution)
은 평가인정에 요구되는 질의 표준을 검토하고 나서 가능하다고 판단되면 회
원교 가입신청을 한다. 지원교에 대한 평가인정의 학교심사단계는 평가인정에

요구되는 구체적 방침과 표준에 도달하고 준수하느냐를 결정한다. 전형적으로 NCA 대표가 가입신청교를 방문하여 그 학교 행정가를 면접하고 나서 결정을 내리게 된다. 이미 평가인정을 받은 회원교는 요구되는 표준에 계속 도달하고 있다는 것을 나타내 주는 년차보고서(annual report)를 NCA에 제출한다.

평가인정 목적으로 사용되는 질적 표준은 회원교 대표와 다른 인정받은 교육자들이 개발한 것인데 (1) 학교에 배정된 물적 재정적 인적 자원과, (2) 학교조직, (3) 행정, (4) 직원, (5) 그 학교의 교육과정과 교육의 실제를 다룬다. 물론 표준은 학교의 형태와 수준에 따라 다르고, 해(년)에 따라 약간 수정될 수 있으며 정기적으로 검토하고 또 개정한다.

지금까지 평가인정의 과정에 대해서만 잠깐 살펴보았다. 그러면 평가의 주요부분은 어떤가? 평가인정에 사용되는 표준의 하나는 학교의 평가 실제에 대하여 언급한다. 이 표준에서는 학교가 종합적인 자체연구(self-study)를 실시하고 현지 방문단이 첫 회원가입 단계에서 자체연구를 검토하고, 매 7년마다 완벽한 자체연구를 반복할 것을 의무적으로 요구한다. 평가의 단계는 (1) 개별학교에 의한 자체연구와, (2) 자체연구를 검토하고 확인하기 위하여 그 학교와 관련되지 않은 교육자로 구성된 평가단의 방문과, (3) 자체연구와 현지 방문의 결과에 근거한 학교개선계획의 수립으로 나누어 볼 수 있다.

자체연구를 실시하기 위해서는 각 학교는 (1) NCA가 승인한 자체평가연구 도구를 사용하거나, (2) 승인을 보장받을 수 있는 지역에서 개발된 설계에 의하여 논리적이고 단계적인 과정을 따라야 한다. 대학에서는 고등교육기관위원회의 편람에 지시된 과정을 따라야 한다. 초·중등학교를 위해서는 현재 NCA가 승인한 두 종류의 자체연구도구가 있다. 미국학교평가연구회(National Study of School Evaluation : NSSE)가 개발한 자체평가연구 도구에는 (1) 학교와 지역사회의 인구적 통계, (2) 철학과 목적, (3) 교육과정 개관과 학습 영역, (4) 개별 교수진 자료, (5) 교직원과 행정, (6) 학습매체 봉사, (7) 학생인사 봉사, (8) 학교시설 건물을 다루는 부분으로 구성되어 있다. 다른 또 하나의 기성 자체평가연구 도구는 초등학교평가회(Association for the Evaluation of Elementary Schools : AEES)가 개발한 것인데 (1) 학교와 지역사회의 인구적 통계, (2) 철학과 목적, (3) 행정과 조직 (4) 수업 프로그램과 자료, (5) 교직원, (6) 학교시설과 건물, (7) 학교와 지역사회관계 부분을 포함하고 있다. 어떤 도구를 사용하든지 중요한 특징은 학교가 자체의 목적에 비추어 보아 자기 자신을 연구한다는 점이다.

학교평가의 자체연구 모형은 여러 가능한 평가모형의 하나에 불과하다. 이 자체평가연구는 진술된 목적과 자기반성, 학교 내 학생에게 이루어지고 있는 것에 대한 종합적 검토라는 틀 내에서 자체평가를 함으로써 학교 프로그램의 질을 향상시킬 수 있다는 전제하에서 이루어진다. 효과적인 자체연구에 필수적인 것으로 생각되는 요소들은 다음과 같다.

(1) 학교는 자체연구를 위해서 충분한 시간(적어도 한 학기)을 바쳐야 한다.
(2) 학교는 자체연구의 필요한 곳에 학생과 지역사회인을 포함시켜야 한다.
(3) 자체연구 중에 학교는 자료수집 분석에 모든 직원을 포함시켜야 한다.

[그림 1] NCA의 평가인정

평가인정(Accreditation)	
검사(Examination) (외부 검토)	평가(Evaluation) (내부 검토)
* 검사과정 (Examination Process) (표준에 비추어본 검토) (1) 년차보고서 제출 (2) NCA 검사단 초청 (3) NCA 검사단의 검토	* 평가과정(Evaluation Process) (수업 프로그램과 기관 구성 요소의 적절성에 대한 검토) (1) 자체연구의 실시 (2) NCA 확인단 초청 (3) 직원과 방문단이 제시한 권고안 시행 참여자: 직원, 행정가, 학생, 지역사회인, 방문단, NCA주담당직원

〔그림 1〕은 평가인정제의 평가과정의 여러 단계를 명백히 하기 위하여 NCA가 개발한 것이다.

4. 평가인정의 결과

평가인정과 평가의 효과와 결과를 조사해 보면 대부분의 회원교로부터 아주 긍정적인 반응을 받은 것으로 밝혀졌다. 학교에서의 과정에 대한 연구를 고찰해 보면 다음과 같은 혜택을 보는 것으로 요약할 수 있다.

(1) 진술된 학교의 목표 측면에서 현재 학교에서 이루어지고 있는 교육의 실제를 검토해 볼 수 있는 기회를 지역사회인의 협조 아래 전 교직원에게 제공해 준다.
(2) 학교관리와 수업지도성에 관한 결정을 하는 데 도움이 되는 자료를 학교장에게 제공해 준다.
(3) 교육 지도성을 발휘할 수 있는 의미 있는 방법을 교장에게 제공해 준다.
(4) 주어진 자원 내에서 학생들에게 최선의 교육을 제공하고 있다는 것을 지역사회에 알릴 수 있다.
(5) 지역사회에 대하여 학교의 질에 관한 긍정적인 진술을 할 수 있다.
(6) 교직원으로 하여금 다른 대안적 방법과 실천을 고려해 보도록 도전감을 불어넣을 수 있다.
(7) 학교의 뛰어난 성취를 고조시킬 수 있다.
(8) 최선의 학생 복지를 위하여 개선해야 할 영역을 찾아낸다.
(9) 학교로 하여금 필요한 개선을 하도록 권고할 수 있다.
(10) 가장 귀중한 전문적 성장의 경험으로 많은 사람들이 생각하는 NCA 평가단의 기회를 교직원과 행정가들에게 제공할 수 있다.
(11) 학교발전에 중요한 것으로 생각되는 교직원 간의 의사소통을 증진시킨다.
(12) 교직원들이 단결하고 상호 이해하고 지원하는 분위기가 형성된다.

(13) 교직원 사기진작에 긍정적인 영향을 준다.

(14) 교육과정의 적절성 여부를 평가할 수 있는 기회를 제공해 준다.

(15) 교직원의 현직연수의 필요성을 밝혀주게 된다.

(16) 교육과정의 연결 관계에 주의를 기울이게 된다.

(17) 지역사회의 요구에 비추어 교육과정을 살펴보게 된다.

(18) 교육철학의 관점에서 교육과정을 도출해 내게 된다.

학교 자체연구와 방문단의 보고서로부터 나온 개선 권고안을 학교는 실천하는가? 다시 말하지만 여러 연구결과에 의하면 각 학교는 이를 실천한다는 것이다. 한 박사학위 논문의 연구결과에 의하면 평가가 끝난 후 4년 후에 학교가 개선 권고안에 따라 확실히 달라진 정도를 교직원과 행정가들이 지적하고 있었다. NCA의 평가과정의 직접적인 결과로 학교가 개선되었다고 아주 강한 긍정적인 반응을 하였다. 이러한 여러 연구에 의하면 자체연구와 현지 방문단의 권고안을 어떻게 개선하느냐 하는 학교개선계획은 가장 중시해야 할 과정의 한 부분이다. 미국의 해외 소재 학교들이 개발한 학교개선계획의 수립과 실천 절차를 사용하여 NCA는 이 과정을 강화하는 데 온갖 노력을 집중하고 있다.

끝으로, 평가인정과 평가만이 질 높은 학교를 보장해 주는 유일한 방법은 아닐지라도 미국에서의 오랫동안 광범한 경험에 의하면 다른 조치들과 결합해서 사용하면 (적어도 그 상황에서는) 학교개선을 위한 강력한 힘이 될 것으로 믿어 의심치 않는다.

미국 교육의 이러한 측면에 대하여 여러분과 의견을 나누게 된 것을 기쁨과 영광으로 간직하고자 한다.

고맙습니다.

참고문헌

Alkin, Marvin C., and Fitz-Gibbon, Carol T. "Methods and Theories of Evaluating Programs." Journal of Research and Development in Education 8(Spring 1975): 2-15.

American Association of State Colleges and Universities. Program Evaluation. Washington, D. C.: AASCU, 1976.

Anderson, Scarvia B., and Ball, Samuel. The Profession and Practice of Program Evaluation. San Francisico: Joss-Bass, 1978.

Anderson, Scarvia B.; Ball, Samuel; Murphy, Richard T.; and Associates. Encyclopedia of Educational Evaluation. San Francisco: Jossey-Bass, 1975.

Baily, Stphen. "The Peculiar Mixture: Public Norms and Private Space." In Government Regulation of Higher Education, edited by W. Hobbs. Cambridge: Ballinger, 1978.

Barak, Robert J. "Program Review by Statewide Higher Education Agencies." In Increasing the Public Accountability of Higher Education, edited by John K. Folger. New Directions for Institutional Research, No.16. San Francisco: Jossey-Bass, 1977.

Barak, Robert J., and Berdahl, Robert O. State-Level Academic Program Review in Higher Education. Denver: Education mission of the States, 1978. ED 158 638. MF-$1. 17; PC-$12.76.

Baratz, Morton S. "Governmental Interference with College and University Autonomy." In proceedings of the Fourth Annual Conference on

Higher Education: Public Accountability to Higher Education, edited by David Caffey. Lubbock, Tex.: Texas Tech. University, 1978. ED 159 956. MF-$1.17; PC-$7.14.

Baugher, Dan. "Developing a Successful Measurement Program." In Measuring Effectiveness, edited by Dan Baugher. New Directions for Program Evaluation, No.11. San Francisco: Jossey-Bass, 1981.

Becker, Samuel L. "Evaluation of Academic Programs." Paper presented at the annual meeting of the Speech Communication Association, 1972, in Chicago. Ed 072 479. MF-$1.17; PC-$3.64.

Bender, Louis W. Federal Regulation in Higher Education. AAHE-ERIC / Higher Education Research Report No.1. Washington, D. C.: American Association for Higher Education, 1977. ED 135 323. MF-$1.17; PC-$9.26.

Bender, Louis, and Breuder, R. "The Federal / State Paperwork Menace." Community College Review 5 (Summer 1977): 16-22.

Berdahl, Robert. "Criteria and Strategies for Program Discontinuance and Institutional Closure." Battle Creek, Mich.: Kellogg Foundation, 1976. ED 121 176. MF-$1.17; PC-$5.39.

Berdahl, Robert. "Legislative Progrm Evaluation." In Increasing the Public Accountability of Higher Education, edited by John K. Folger. New Directions for Instutional Reserch, No.16. San Francisco: Jossey-Bass, 1977.

Berquist, William H., and Shoemaker, Willam A. "Facilitating Comprehensive Institutional Development." In A Comprehensive Approach to Institutional Development, edited by William H. Berquist and William A. Shoemaker. New Directions for Higher Education, No.15. San Francisco: Jossey-Bass, 1976.

Blake, Duane L., and Slapar, Frank M. Educational Accountability Implementation Through the Use of Performance Objectives. Fort Collins,

Colo.: Colorado State Universite, 1972. ED 147 321. MF-$1.17; PC-$7.14.

Bogue, E. Grady. "State Agency Approaches to Academic Program Evaluation." In Academic Program Evaluation, edited by Eugene C. Craven. New Directions for Institutional Research, No.27. San Francisco: Jossey-Bass, 1980.

Bowen, Howard R. "Outcomes Assessment-A New Era in Accreditation." In the Proceedings of the 93rd Annual Convention of the Middle States Association of Colleges and Schools. Philadelphia: Middle States Association, 1980. HE 015 341. MF-$1.17; PC-$11.01.

Brandl, John E. "Policy Evaluation and the Work of Legislatures." In Utilization of Evaluative Information, edited by Larry A. Braskamp and Robert D. Brown. New Directions for Program Evaluation, No.5. San Francisco: Jossey-Bass, 1980.

Braskamp, Larry A. "Evaluation Systems Are More than Iavnformation Systems." In Designing Academic Program Reviews, edited by Richard F. Wilson. New Directions for Higher Education, No.37. San Francisco: Jossey-Bass, 1982.

Brown, Elizabeth D. "Effective Training of Program Evaluators: A Mixture of Art and Science." In Training Program Evaluators, edited by Lee Sechrest. New Directions for Program Evaluation, No.8. San Francisco: Jossey-Bass, 1980.

Buchanan, W. Wray; Fancher, Charles; and Fuldauer, Lawrence B. "Review of Academic Degree Programs: Striving to Keep Higher Education Viable in a Time of Limited Resources." Paper presented at the annnual forum of the Association for Institutional Research, 1979, in Houston. ED 161 390. MF-$1.17; PC-$3.64.

Carnegie Council on Policy Studies in Higher Education. Three Thousand Futures, The Next Twenty Years for Higher Education. San Francisco:

Jossey-Bass, 1980. ED-183 076. MF-$1.17; PC not available EDRS.

Caruthers, J. Kent. "Relating Role and Mission to Program Review." In Postsecondary Education Program Review. Boulder, Colo.: Western Interstate Commission on Higher Education, 1980. ED 184 486. MF-$1.17; PC-$14.88.

Casey, Robert J., and Harris, John W. "Accountability in Higher Education: Forces, Counterforces and the Role of Institutional Accreditation." Washingtion, D. C.: Council on Postsecondary Accreditation, 1979. ED 180 382. MF-$1.17; PC-$5.39.

Chambers, Charles. "Accreditation and the State, Are We Asking the Right Questions?" Accreditation 5(Fall 1980): 2.

Clark, Mary Jo. "Program Review Practices of University Departments." GRE Board Research Report GREB No.75-5aR, 1977. ED 155 959. MF-$1.17; PC-$3.64.

Cohen, Lee. "Assessing Outcomes for Accreditation." North Central Association Quarterly 48(Winter 1974): 314-19.

Comparative Developmental Studies Center, SUNY at Albany. "The Accountability Challenge to Higher Education, The SUNY Experience." Comment 2 (July 1975).

Cronbach, L. J., et al. Toward Reform of Program Evaluation: Aims, Methods, and Instructional Arrangements. San Francisco: Jossey-Bass, 1980.

Day, Robert W., and Bender, Louis. The State Role in Program Evaluation of Community Colleges: Emerging Concepts and Trends. Tallahassee, Fla.: Florida State University, 1976. ED 126 982. MF-$1.17; PC-$5.39.

Dressel, Paul L. "Accreditation and Institutional Self-Study." North Central Association Quarterly 6 (Fall 1971): 277-87.

Dressel, Paul L. Handbook of Academic Evaluation. San Francisco:

Jossey-Bass, 1976.

Dressel, Paul L. "Values(Virtues and Vices) in Decision Marking." In Designing Academic Program Reviews, edited by Richard F. Wilson. New Directions for Higher Education, No.37. San Francisco: Jossey-Bass, 1982.

Education Commission of the States. Final Report and Recomendations: Task Force on State Policy and Independent Higher Education. Denver: ECS, 1977. ED 144 464. MF-$1.17; PC-$7.14.

Education Commission of the States. Accountability and Academe: A Report of the National Task Force on the Accountability of Higher Education to the State. Denver: ECS, 1979.

Education Commission of the States. Higher Education in thde States. Denver: ECS, 1980. ed 205 153. MF-$1.17; PC-$9.25.

Edwards, Harry T. Higher Education and the Unholy Crusade Against Government Regulation. Cambrige: Institute for Educational Management, Harvard University, 1980.

Edwards, Harry T. Accreditation: History, Process and Problems. AAHE-ERIC / Higher Education Research Report No.6, Washington, D. C.: American Association for Higher Education, 1980a. ED 198 774. MF-$1.17; PC-$7.14.

Edwards, Harry T. "The Context of Academic Program Evaluation." In Academic Program Evaluation, edited by Engene C. Craven. New Directions for Institutional Research, No.27. San Francisco: Jossey-Bass, 1980b.

Engdahl, Lilla, and Barak, Robert. "Study of Academic Program Review." In Postsecondary Education Program Review. Boulder, Colo.: Western Interstate Commission on Higher Education, 1980 ED 184 486. MF-$1.17; PC-$14.88.

Fincher, Cameron. "Program Evaluation: Approaches and Procedures." Paper Presented at the annual forum of the Association for Instutional

Research, 16 May 1973 at Vancouver. ED 083 265. MF-$1.17; PC-$3.64.

Fincher, Cameron. "Program Monitoring in Higher Education." In Monitoring Ongoing Programs, edited by Donald L. Grant. New Directions for Program Evaluation, No.3. San Francisco: Jossey-Bass, 1978.

Folger, John K. "Who Wants Outcome Measures and Why Do They Want Them?" Paper Presented at the Invitational Seminar on Innovation, Outcomes and the State Budgeting Process sponsored by the Institute for Educational Leadership, 22-24 March 1976, at San Diego. ED 132 655. MF-$1.17; PC-$3.64.

Folger, John K. "Suggestions for the Future." In Increasing the Public Accountability of Higher Education, edited by John K. Folger. New Directions for Institutional Research, No.16. San Francisco: Jossey-Bass, 1977.

Gardner, Don E. "Five Evaluation Frameworks: Implications for Decision Marking in Higher Education." Journal of Higher Education 8 (September / October 1977): 571-93.

Gellhorn, E., and Boyer, B. "The Academy as a Regulated Industry." In Government Regulation of Higher Education, edited by W. Hobbs. Cambridge: Ballinger, 1978.

George, Melvin D. "Assessing Program Quality." In Designing Academic Program Reviews, edited by Richard F. Wilson. New Directions for Higher Education, No.37. San Francisco: Jossey-Bass, 1982.

Gerorge, Melvin D., and Braskamp, Larry A. "Universities, Accountability and the Uncertainty Principle." Educational Record 59 (Fall 1978): 345-66.

Giamatti, A. Bartlett. "Private Sector, Public Control and the Independent University." Educational Record 61 (Fall 1980): 60-63.

Harcleroad, Fred. "Educational Auditing and Accoutability." Washington, D. C.: Council on Postsecondary Accreditation, 1976. ED 131 765. MF-

$1.17; PC-$5.39.

Harcleroad, Fred F., and Dickey, Frank G Educational Auditing and Voluntary Institutional Accrediting. AAHF-ERIC / Higher Education Research Report No.1. Washington, D. C.: American Association for Higher Education, 1975. ED 131 765. MF-$1.17; PC-$5.39.

Heldman, D. R. "Academic Program Review-Cerns and Justification." Columbus, Ohio: American Council on Education Fellowship Program paper, 1976. ED 122 690. MF-$1.17; PC-$3.64.

Hobbs, W. "The Theory of Government Regulation." In Government Regulation of Higher Education, edited by W. Hobbs. Cambridge: Ballinger, 1978.

Hobson, Edward N. "Accountability: Password for the '70's." Improving College and University Teaching 22(Spring 1974): 81-83.

Hodgkinson, Harold. "Education in 1985: A Future History." Educational Record 60 (Spring 1979): 129-36.

Hollander, T. Edward. "Regional Accreditation and Public Policy." Speech presented at the annual meeting of the New England Association of Schools and Colleges, 11 Decem-ber 1981, at Boston.

House, Ernest R. "Alternative Evaluation Strategies in Higher Education." In Designing Academic Program Reviews, edited by Richard F. Wilson. New Directions for Higher Education, No.37. San Francisco: Jossey-Bass, 1982.

Jacobson, Robert L. "Bigger Role in Accreditating Asked for College Leaders." Chronicle of Higher Education, September 2, 1981, p.8.

Jung, Steven M., et al. Executive Summary of Final Technical Report: A Study of State Oversight in Postsecondary Education. Palo Alto, Calif.: American Institutes for Research, 1977.

Kaysen, Carl, and the Sloan Commission on Government and Higher Education. "New Roles for the States in Monitoring Higher Education

Quality." In Strategies for Retrenchment: National, State, Institutional. Current Issues in Higher Education No.6., Washington, D. C.: American Association for Higher Education, 1980. ED 194 009. MF-$1.17; PC not available EDRS.

Kelly, Edward F., and Johnston, Thomas. "Program Review in Postsecondary Education: A Return to Judgment" In Postsecondary Education Program Review. Boulder, Colo.: Western Interstate Commission on Higher Education, 1980. ED 184 486. MF-$1.17; PC-$14.88.

Kells, H. R. "Some Theoretical and Practical Suggestions for Institutional Assessment." In Institutional Assessment for Self-Improvement, edited by Richard I Miller. New Diretions for Institutional Research, No.29. San Francisco: Jossey-Bass, 1981.

Kerr, Clark. "Coordination in a Changing Environment." Change 12 (October 1980): 19, 53-56.

Lierheimer, Alvin P. "Accreditation and Self-Assessment." In Report of the Invitational Colloquium on Self-Assessment of Postsecondary Programs, edited by Donald Tritschler. Albany, N. Y.: Paper presented at the Invitational Colloquium on Self-Assessment of Postsecondary Programs, 1979. ED 165 651. MF-$1.17; PC not available EDRS.

Lind, Douglas. "Criteria Warranted for Evaluation of Academic Programs at kthe University of Toledo." Paper presented at the national conference of the Association of Institutional Research, 1977, at Los Angeles. ED 131 759. MF-$1.17; PC-$3.64.

Lindement, Lynn. "Why Faculty Object to Accountability in Higher Education." Liberal Education 60 (May 1974): 175-80.

Long, Durward. "Hawaii." In Postsecondary Education Program Review. Boulder, Colo.: Western Interstate Commission on Higher Education, 1980. ED 184 486. MF-$1.17; PC-$14.88.

Lupton, A.; Augenblick, J.; and Heyison, J. "The Financial State of Higher

Education." Change 8 (September 1976): 21-26, 28-35.

Maeroff, Gene I. "Colleges Turn to Part-Time Professors." New York Times, February 26, 1980.

Marcus, Laurence R., and Hollander, T. Edward. "The Capital and the Campus: Each in Its Proper Place." Policy Studies Journal 10 (September 1981): 19-32.

Marcus, Philip M. "Accountability: Still Another Viewpoint." Planning for Higher Education 2 (August 1973): 1-6. ED 084 939. MF- $1.17; PC- $3.64.

McGill, William. "The University and the State." Educational Record 58 (Spring 1977): 132-45.

Meinert, C. "The State Role." In The Many Faces of Educational Consumerism, edited by Joan Stark. Lexington, Mass.: Lexington Books, 1977.

Middle States Association of Colleges and Schools. Policies and Procedures. Philadephia: MSACS, 1978.

Miller, Richard I. The Assessment of College Performance. San Francisco: Jossey-Bass, 1979.

Minter, W. John, and Bowen, Howard R. "Assessing Their Institutions, College Presidents Express 'Extraordinary High' Levels of Confidence." Chronicle of Higher Education, May 26, 1982, pp.8, 10.

Moynihan, Daniel P. "State vs. Academe." Harpers 261 (December 1980): 31-40.

Munitz, Barry A, and Wright, Douglas J. "Institutional Approaches to Academic Program Evaluation." In Academic Program Evaluation, edited by Eugene C. Craven. New Directions for Institutional Research, No.27. San Francisco: Jossey-Bass, 1980.

National Association of Schools of Public Affairs and Administration. "Guide for the Self-Evaluation of Professional Masters Degree Programs in Public Affairs / Public Administration." Washington, D. C.: NASPAA,

1974. ED 100 273; MF-$1.17; PC not available EDRS.

National Center for Educational Statistics. Digest of Educational Statistics 1980. Washington, D. C.: U.S. Government Printing Office, 1980. ED 202 085. MF-$1.17; PC-$22.24.

New Jersey Board of Higher Education. The Statewide Plan for Higher Education. Trenton, N. Y.: State of New Jersey,1981. HE 015 342. MF-$1.17; PC-$18.38. Education Institutions: Interim Report (Draft)." Albany, N. Y.: State of New York, December 1981.

Peterson, Marvin W., et al. "State-Level Performance Budgeting." In Increasing the Public Accountability of Higher Education, edited by John K. Folger. New Directions for Institutional Research, No.16. San Francisco: Jossey-Bass, 1977.

Petrie, Hugh G. "Program Evaluation as an Adaptive System." In Designing Academic Program Reviews, edited by Richard F. Willson. New Directions for Higher Education, No.37. San Francisco: Jossey-Bass, 1982.

Pland, Robert A. "Concern for Self-Assessment." In Report of the Invitational Colloquium on Self-Assessment of Postsecondary Programs, edited by Donald Trits-chler. Albany, N. Y.: Paper Presented at the Invita-tional Colloquium on Self-Assessment of Postsecondary Programs, 1979. ED 165 651. MF-$1.17; PC not available EDRS.

Riesman, David. On Higher Education: The Academic Enterprise in an Era of Rising student Consumerism. San Francisco: Jossey-Bass, 1980.

Romney, Leonard C.; Bogen, Gerald; and Micek, Sidney S. "Assessing Institutional Performance: The Importance of Being Careful." International Journal of Institutional Management in Higher Education 3 (May 1979): 79-89.

Russell, David W. "Goal Accountability in Higher Education: Towards a Comperhensive Legal Conception of the University." Journal of Law and Education 7 (October 1978): 507-22.

Schotten, Peter, and Knigt, Gary A. "Effects of the Consumerist Movement on the University." North Central Association Quarterly 51(Spring 1977): 377-84.

Scott, Robert A. "Program Review's Missing Number: A Consideration of quality and its Assessment." Ind.: A position paper, 1981. ED 200 108. MF-$1.17; PC-$3.64.

Selden, William K. Accreditation: A Struggle Over Standards in Higher Education. New York: Harper and Brothers, 1960.

Semrow, Joseph J. "Institutional Assessment and Evaluation for Accreditation." Topical Paper No.9. Tucson, Ariz.: University of Arizona, 1977. ED 148 190. MF-$1.17; PC-$5.39.

Silvers, Philip J. "Regional Accreditation Team Members: How they Perceive Their Role and How They Mark Decisions." Paper presented at the annual meeting of the Association for the Study of Higher Education, 2-3 March 1982, at Washington, D. C. ED 219 051. MF-$1.17; PC-$3.64.

Sizer, John. "Assessing Institutional Performance: An Overview." International Journal of Institutional Management in Higher Education 3 (May 1979): 49-75.

Smith, Donald K. "Multi-Campus System Approaches to Academic Program Evaluation." In Academic Program Evaluation, edited by Eugene C. Craven. New Directions for Institutional Research, No.27. San Francisco: Jossey-Bass, 1980.

Smock, H. Richard. "Planning for an Evaluation Network and Institutionalization." In Designing Academic Program Reviews, edited by Richard F. Wilson. New Directions for Higher Education, No.37. San Francisco: Jossey-Bass, 1982.

Smock, Richard, and Hake, Harold. "COPE: A Systematic Approach to the Evaluation of Academic Departments." Paper presented at the annual meeting of the American Educational Research Association, 4-8 April 1977, at New York City. ED 146 180. MF-$1.17; PC-$3.64.

Southern Regional Education Board. "Planning for wide Program Approval and Review." Issues in Higher Education No.11. Atlanta, Ga.: SREB, 1977. ED 142 153. MF-$1.17; PC-$3.64.

Sumberg, A. "The Impact of Government Regulation on the Academic Occupation." In Government Regulation of Higher Education, edited by W. Hobbs. Cambridge: Ballinger, 1978.

Sweazy v. New Hampshire, 354 U.S.234 (1957).

Triton College. Program Review. River Grove, Ⅲ.: Triton College, 1980. ED 175 519. MF-$1.17; PC-$5.39.

Tritschler, Donald. "Strategies for Assessing Performance at Your Own Institution." In Institutional Assessment for Self-Improvement, edited by Richard I. Miller. New Directions for Institutional Research, No.29. San Francisco: Jossey-Bass, 1981.

Trivett, David A. Accreditation and Institutional Eligibility. AAHE-ERIC / Higher Education Research Report No. 9. Washington, D. C.: American Association Higher for Education, 1976. ED 132 919. MF-$1.17; PC-$11.01.

Troutt, William E. "Relationships Between Regional Accrediting Standards and Educational Quality." In Institutional Assessment for Self-Improvement, edited by Richard I. Miller. New Directions for Institutional Research, No.29. San Francisco: Jossey-Bass, 1981.

Trustees of Dartmouth College v. Woodward, 4 Wheat 518, 17 U. S. 518 (1819), 4L. Ed. 629.

Wallhaus, Robert A. "Process Issues in State-Level Program Reviews." In Designing Academic Program Reviews, edited by Richard F. Wilson. New Directions for Higher Education, No.37. San Fransisco: Jossey-Bass, 1982.

Weathersby, George B. "Productivity Issues." In Finance, Productivity and

Management in Postsecondary Education: Selected Research Topics. Washington, D. C.: National Institure of Education, 1978. ED 158 641. MF-$1.17. PC-$7.14.

"Western Michigan Program Review System, Initial Design." Kalamazoo, Mich.: Western Michigan University, 1977. ED 144 536. MF-$1.17; PC-$7.14.

Wilson, Richard F. "Concluding Statement and Additional Readings." In Designing Academic Program Reviews, edited by Richard F. Wilson. New Directions for Higher Education, No.37. San Francisco: Jossey-Bass, 1982.

Wise, Robert I. "The Evaluator as Educator." In Utilization of Evaluative Information, edited by Larry A. Braskamp and Robert D. Brown. New Directions for Program Evaluation, No.5. San Francisco: Jossey-Bass, 1980.

Wong, S. Godwin. "Pecking Orders: Uses and Limitations." Paper presented at the annual forum of the Association for Institutional Research, May 1977, at Montreal. ED 146 861. MF-$1.17; PC-$3.64.

Young, Jerry W. "Accountability Overkill." Cumberland, Md.: American Council on Education Fellowship Program paper, 1977. ED 145 910. MF-$1.17; PC-$5.39.

Young, Kenneth E., and Chambers, Charles M. "Accrediting Agency Approaches to Academic Program Evaluation." In Academic Program Evaluation, edited by Eugene C. Craven. New Directions for Institutional Research, No.27. San Francisco: Jossey-Bass, 1980.

•역 자 소 개•

주삼환(朱三煥)

•약력•

서울교육대학 교육학과 졸업
서울대학교 교육대학원 교육행정 전공(교육학 석사)
미국 미네소타 대학교 대학원 교육행정 전공(철학 박사)
전 서울 시내 초등학교 교사 약 15년
　한국교육학회 회원, 한국교육행정학회 회장(1999)
　미국 오하이오 주립대학교 객원교수(2003～2004)
현 충남대학교 인문대학 교육학과 교수

•저서 및 역서•

『사회과학이론입문』(공역, 한국학술정보(주), 2005)
『한국교육행정강론』(한국학술정보(주), 2005)
『질의 교육과 교육행정』(한국학술정보(주), 2005)
『수업분석과 수업연구』(공저, 한국학술정보(주), 2005)
『교육행정철학』(역, 한국학술정보(주), 2005)
『미국교육행정』(역, 한국학술정보(주), 2005)
『입문 비교교육학』(역, 한국학술정보(주), 2005)
『임상장학』(역, 한국학술정보(주), 2005)
『교육행정사상의 변화』(한국학술정보(주), 2005)
『위기의 한국교육』(한국학술정보(주), 2005)
『교양 인간관계론』(공역, 한국학술정보(주), 2005)
『우리의 교육, 몸으로 가르치자』(한국학술정보(주), 2005)
『전환시대의 전환적 교육』(한국학술정보(주), 2006)
『장학: 장학자와 교사의 상호관계성』(역, 한국학술정보(주), 2006)
『허즈버그의 직무동기이론』(역, 한국학술정보(주), 2006)
『대안적 교육행정학』(공역, 한국학술정보(주), 2006)
『전환적 장학과 학교경영』(한국학술정보(주), 2006)
『교육행정 특강』(한국학술정보(주), 2006)
『올바른 교육행정을 지향하여』(한국학술정보(주), 2006)
『교장의 리더십과 장학』(한국학술정보(주), 2006)
『교장의 질 관리장학』(한국학술정보(주), 2006)
『지방 교육자치와 대학자치』(한국학술정보(주), 2006)
『장학의 이론과 기법』(한국학술정보(주), 2006)
『전환기의 교육행정과 학교경영』(한국학술정보(주), 2006)
『고등교육연구』(한국학술정보(주), 2006)
『교육개혁과 교장의 리더십』(한국학술정보(주),

2006)

『교육조직연구』(한국학술정보(주), 2006)

『선택적 장학』(한국학술정보(주), 2006)

『리더십의 철학』(공역, 한국학술정보(주), 2006)

『장학 연구』(한국학술정보(주), 2006)

『미국의 대학평가』(역, 한국학술정보(주), 2006)

『교육행정 및 교육경영』
    (공저, 학지사, 2003, 개정판)

『미국의 교장』(학지사, 2005)

『교육이 바로 서야』(원미사, 2002)

『교육행정 및 교육경영』
    (공저, 삼광출판사, 1995)

『장학론』(공저, 한국교육행정학회, 1995)

『장학론』(공저, 한국방송통신대학, 1991)

『인간자원장학론』(공역, 배영사, 1987)

『장학론』(공역, 학문사, 1984)

『교육정책의 새로운 방향』
    (역, 교육과학사, 1983)

『교육학개론』(공저, 정민사, 1983)

『장학론』(갑을출판사, 1982)

『신장학론』(역, 교육출판사, 1979)

미국의 대학평가

- 초판 인쇄   2006년 5월 1일
- 초판 발행   2006년 5월 1일

- 옮 긴 이   주삼환
- 펴 낸 이   채종준
- 펴 낸 곳   한국학술정보㈜
           413-756 경기도 파주시 교하읍 문발리 526-2
           파주출판문화정보산업단지
           전화 031) 908-3181(대표) · 팩스 031) 908-3189
           홈페이지 http://www.kstudy.com
           e-mail(출판사업부) publish@kstudy.com
- 등   록   제일산-115호(2000. 6. 19)
- 가   격   18,000원

ISBN   89-534-4840-9 93370 (Paper Book)
          89-534-4841-7 98370 (e-Book)